Jazz Rural

copyright Hedra
edição brasileira© Hedra 2020

edição Jorge Sallum
coedição Felipe Musetti
assistência editorial Luca Jinkings e Paulo Henrique Pompermaier
revisão Maria Fernanda Carmo
projeto da coleção Lucas Kröeff
música João Gabriel Fideles, Enrique Menezes, Ricardo Zohyo,
Daniel Grajew e Diogo Maia
pesqusia Enrique Menezes, Biancamaria Binazzi e Luísa Valentini
capa Lucas Kröeff

ISBN 978-85-7715-613-9
corpo editorial   Adriano Scatolin,
Antonio Valverde,
Caio Gagliardi,
Jorge Sallum,
Oliver Tolle,
Renato Ambrosio,
Ricardo Musse,
Ricardo Valle,
Silvio Rosa Filho,
Tales Ab'Saber,
Tâmis Parron

*Grafia atualizada segundo o Acordo Ortográfico da Língua
Portuguesa de 1990, em vigor no Brasil desde 2009.*

*Direitos reservados em língua
portuguesa somente para o Brasil*

EDITORA HEDRA LTDA.
R. Fradique Coutinho, 1139 (subsolo)
05416–011 São Paulo SP Brasil
Telefone/Fax +55 11 3097 8304

editora@hedra.com.br
www.hedra.com.br

Foi feito o depósito legal.

Jazz Rural

Enrique Menezes (*organização*)

1ª edição

São Paulo   2020

Jazz Rural: disco-livro, ou fonocaderneta, com textos de Mário de Andrade e gravações musicais de campo comandadas por ele, tudo feito na década de 1930 no interior de São Paulo. Desses textos e músicas paulistas deriva a reflexão contemporânea proposta pelo grupo Jazz Rural, com textos críticos e composições experimentais inspiradas na pesquisa musical de Mário em São Paulo.

Enrique Menezes: flautista e violeiro, anda sem muito pudor pelo meio dos chorões, da música experimental, de folias de reis e entre os selvagens acadêmicos. Depois, a salvo, tenta articular tudo em reflexão, usando indistintamente letras e notas musicais. Doutor e Mestre em musicologia pela Universidade de São Paulo, graduado em composição pela ECA/USP com pós-doutorado em etnomusicologia pela Unicamp.

Jazz Rural

Sumário

Começo, *por Enrique Menezes* 7

Dansa da Santa Cruz, *por Mário de Andrade* 11

Moçambique, *por Mário de Andrade* 25

ENSAIOS 55

Mário de Andrade, Moçambique e a Santa Cruz, *por Enrique Menezes* 57

Paulicéia desordenada – modernismo e poder, *por Carlos Pires e Enrique Menezes* 87

São Paulo fonografado, *por Biancamaria Binazzi e Enrique Menezes* 117

Começo

> O intelectual brasileiro continua tocandinho na
> viola o toque rasgado da sua pasmosa inércia
> humana
> MÁRIO DE ANDRADE, *Diário Nacional 10/04/32*

Era pra ser um encarte, mas virou uma fonocaderneta.
(O áudio do disco que acompanha esse livro pode ser aces-
sado pelo QR Code que está na orelha desse livro, e leva
direto para *www.jazzrural.com*). Isso tem a ver com um
daqueles Mários de Andrade que, pra não cair vítima de
síndromes de gênio, incorporou na sua arte a tensão com
a pesquisa. Daí que, além de poesia e romance, o imenso
escritor paulista tenha feito uma penca de estudos minuci-
osos sobre música, artes plásticas, literatura, entre tantos
assuntos.

Vão reeditados aqui dois textos pouco visitados de Mário — hoje arquivados no Instituto de Estudos Brasileiros –
USP —, cuidadosas anotações feitas de corpo presente sobre
festas paulistas: um Moçambique (em Santa Isabel, 1933) e
uma Dança de Santa Cruz (em Carapicuíba, 1935). Com os
originais em mãos, realizamos o estabelecimento do texto,
optando por transcrevê-lo exatamente como está, conservando o estilo, o ritmo, as idiossincrasias e mesmo o que

provavelmente são erros de digitação. Mantivemos as construções gramaticais originais e não atualizamos as grafias para as normas do acordo ortográfico vigente, buscando preservar o estilo derivado de sua concepção de uma "fala brasileira", tão cara ao escritor como perspectiva de produzir uma modernidade brasileira com integração social. Estão repletos de questões fascinantes e pouco exploradas, e queimei a mufa pensando algumas delas no texto "Mário de Andrade, Moçambique e a Santa Cruz".

Não à toa, Mário foi procurado para ser o primeiro diretor do Departamento de Cultura de São Paulo em 1935, quando projeta um rico conjunto de ações e meios inteligentes para que as instituições públicas atuassem com vigor na dimensão cultural da cidade. Sobre essa época de envolvimento político do artista fala o texto "Paulicéia desordenada — modernismo e poder", que escrevi com Carlos Pires, pós-graduado em desordenar ideias.

Entre as diversas ações como diretor do Departamento, Mário criou uma Discoteca Pública, com um selo para gravar e lançar discos. Dessa discoteca fala o texto "São Paulo fonografado", escrito junto com Biancamaria Binazzi, que amorosamente partilhou comigo seu poderoso mundo de diálogos com as histórias sonoras do Brasil, me levando até o reino onde habitam surdamente, em estado de arquivo, os discos que aqui nos inspiram.[1] Vale pensar que não apenas

1. Agradecemos em particular a Rafael Vitor Barbosa Sousa, da Discoteca Oneyda Alvarenga do Centro Cultural São Paulo, que mediou os trâmites para conseguirmos incluir as gravações originais nesse disco-livro.

esses discos, mas também as filmagens, fotografias e anotações feitas em São Paulo pela equipe do Departamento são a gênese, o laboratório e, de certa forma, a parte primeira e paulista da famosa "Missão de pesquisas folclóricas", realizada depois em estados do norte e nordeste.

Dessa fonografia experimental, escolhi cinco gravações feitas entre 1937 e 1942 em diversas cidades do estado de São Paulo. Esses sons paulistas, captados há uns 80 anos, guiaram nossa criação nesse disco-livro, em composição e jeitos de tocar. Alternamos as gravações originais com as nossas, e o ouvinte que diga se tem alguma coisa a ver.

A presença de Ricardo Zohyo, contrabaixista, mestre e amigo, foi um privilégio e um guia: sua composição "Insano", um catira ao mesmo tempo bem paulista e experimental, sempre me impressionou por abrir aos meus ouvidos as insanidades presentes no tradicional. Completando o rancho, o ponteado livre e absurdo do piano de Daniel Grajew, a bateria roceira de João Fideles, Diogo Maia com seu grasnado exato de clarone, e eu mesmo nas flautas, viola caipira e encheção de linguiça.

O resultado deu nisso, um disco-livro, fonocaderneta. Não se sabe se terá serventia, se presta pra alguma coisa ou se ficará cagado de ave. Da nossa parte, ex-uspianos remediados + Zohyo, vamos tocandinho aqui nossa viola.

Enrique Menezes

Dansa da Santa Cruz

No vilejo de Carapicuíba (municipio de Cotia), a tres-quartos de hora de S. Paulo, até hoje se realiza pela festa da Santa Cruz, o que chamam lá de "Dansa da Santa Cruz". Assisti a esta dansa na noite de 3 de maio, isto é, justo no dia de Santa Cruz. A festança dura varios dias. Ha inicialmente uma novena e, pelo menos neste ano de 1935, mais tres dias de devoção final, nos quais se realizou a dansa da Santa Cruz.

Carapicuíba parece conservar quasi exatamente o mesmo aspeto que tinha no sec. XVII, quando a regia o padre Belchior de Pontes. Consta apenas duma praça grande, formando um quadrilatero perfeito, com um lado e o seu fronteiro, de quasi o duplo de comprimento que os dois outros. A igreja chata, sem tôrre, fica no centro dum dos lados maiores. É um edificio de taipa batida, com a peculiaridade apenas de ter em vez do nicho no frontão triangular, uma janelinha com o sino. No centro da praça que não está aplainada e é de terra batida, se ergue, cercado de coqueiros delicados, o cruzeiro, que é simplorio e pequeno, com uma base moderna de tijolo, formando, do lado de frente prá igreja, uma escadinha.

No tempo da festa de Santa Cruz, os moradores mais importantes do vilejo plantam cada qual na frente da sua casa, á distância duns dois metros, ás vezes menos, ás vezes mais, uma cruz pequenina, de metro e meio de altura mais ou menos, que enfeitam todinha de flores. Será que nos tempo de dantes, cada casa teria a sua cruz plantada? Diante de cada cruz, cada uma das tres noites, tem de se realizar o dansado, o que faz que a coisa dure interminavelmente, principiando pela noitinha, terminadas as rezas, e acabando com o levantar do Sol.

Ha cantadores tradicionais que puxam as músicas da dansa, ou milhor a música, pois que, tendo visto a dansa se realizar quatro vezes, sempre ouvi repetirem a mesma melodia. Infelizmente não a pude apanhar perfeitamente, por várias razões. Antes de mais nada, as condições em que eu estava, apanhado de sopetão num passeio e levado a Carapicuíba, me tinham encontrado desprevenido. E por outro lado, não possuindo eu audição absoluta, a natural honestidade etnografica me impede publicar a melodia que registrei e que não pude controlar, por se verem os tocadores com seus instrumentos, sempre ocupados no brinquedo. E o mal maior era ainda não estarem presentes êsses dias, os cantadores que as pessoas do lugar diziam serem os milhores, mais conhecedores de "versos" (quadras) e da música. É possivel, pois que os cantadores ouvidos eram de desesperar, pela imperfeição da voz, e principalmente pela inconcebivel indecisão da linha melódica. Realmente não executavam a melodia duas vezes com exatamente o mesmo arabesco. Aliás cabe aqui uma pergunta: e por acaso existirá êsse arabesco fixo? É muito provavel que não. Isso é um processo

DANSA DA SANTA CRUZ

de cantar muito nosso, especialmente da parte central do país. Os cantadores não têm uma melodia de linha fixa. O que existe de-fato na memoria deles é uma especie de esquema melodico, de esqueleto melodico, muitissimo simples e sempre tonal, que êles, na execução, não é propriamente que variem á vontade e por sistema, como sucede por exemplo com os cocos em que a embolada varia sobre o refrão, ou como ainda acontece ás vezes nos chôros instrumentais: antes o cantador enche á vontade o esquema que tem na memoria, com mais notas, de forma que o canto, basicamente silabico, possa conter todas as sílabas do texto. E como êsse enchimento do esqueleto melodico é visceralmente de caracter improvisatorio, os cantadores (principalmente os mais imperfeitos, mais ou menos apanhados ad hoc como nessa noite, sem nenhuma noção ou instinto da virtuosidade profissional...) não chegam nunca a fixar uma linha, que pelo menos seja individualistamente a de cada um.

O processo de cantar era o mais sistematico aqui no Centro, a duas vozes em falsobordão de terças inferiores. Isso obriga necessariamente e tonalmente o puxador da cantoria a executar a linha principal, a dele que é o dirigente de tudo, num ambiente tonal que tem como marcos limitrofes a mediante e a dominante, jamais descendo á tonica. Baseado na mediante e na dominante, êle quando muito sobe ao sexto grau da tonalidade ou desce ao segundo. Na melodia da Santa Cruz, a linha do cantador principal começava sistematicamente na mediante e terminava na dominante quasi sempre, ao passo que o cantador da segunda voz, si ás vezes atacava a tonica, terminava sempre na mediante, evitando, como é do nosso instinto brasileiro, dar no fim o apôio excessivo e convidativo a parar, da tonica. Mas, o que havia de principalmente interessantissimo na cantoria, é que chegada a essa nota final da linha, quando o cantador estava na dominante ou na mediante e o seu acompanhador sistematicamente na mediante, êles faziam nessas notas uma firmata longuissima, o quanto desse a respiração. E então, todo o grupo dos dansantes entoava, na vogal "Ah!", ou "Ai!", o acorde de tonica, indiferentemente cada qual buscando o som que mais lhe conviesse ao caracter de voz. Se obtinha assim, ao final de cada frase melodica um prodigioso, um maravilhoso acorde de tonica, extremamente alargado, que, si não atingia sons muito graves, pois é rarissima a voz de baixo no povo brasileiro, ia no entanto a prestigiosissimos sobreagudos, entoados em falsete. Ficava assim no ar uma ressonancia esplendida, duma claridade solar, quente, cheia, que se diria uma fanfarra quasi. E essa ressonancia se prolongava durante ás vezes todo um minuto, porque quando o sôpro acabava, os coralistas fazia uma inspiração breve e retomavam cada qual o seu som. Isso cada um por sua vez, sem que tivesse um ponto qualquer do ritmo onde todos tomassem respiração ao mesmo tempo. Esse processo de prolongamento do som final da melodia por meio dum acorde de tonica entoado pelo grupo todo presente, é sistematico nas cantorias desta parte central do país. Cornelio Pires registrou benemeritamente em disco Columbia uma "Toada de Mutirão" em que aparece o processo, tambem comum nas louvações sem dansa que entremeiam as peças de samba nas suites dos nossos batuques.

A orquestra que estava acompanhando a dança da Santa Cruz se compunha de violas, creio que duas, dois violões, pandeiros e varios "recos". As violas e violões, em toque rasgado, funcionavam mais propriamente como instrumentos de percussão, batendo o ritmo sobre os dois acordes fatais de tonica e dominante. Havia um ritmo sistematico, bem fixo e unico, que era o seguinte:

As fusas eram obtidas pelo esfregar do dedo polegar nos pandeiros.

Dos instrumentos, só era digno de nota o reco-reco, duma forma e principio sonoro que eu ainda não conhecia. Se compunha dum purungo comprido, que fôra ou destampado na sua base, ou então perfurado em dois orificios laterais, mais ou menos duns cinco centimetros de diametro cada. No sentido do comprimento do purungo se ajusta uma haste fina de madeira, amarrada nas suas pontas com um barbante. Essa haste é toda dentada, e nela se esfrega a baqueta segurada pela mão direita. O purungo, no sentido do comprimento, se ajusta ao longo do braço esquerdo, entre êste e o corpo, apoiando-se no mamilo esquerdo, e seguro na base, pela mão.

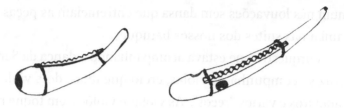

Exemplos dos Recos de Carapicuíba.

A Dansa da Santa Cruz tem seus versos tradicionais, guardados imemorialmente desde tempos antiquissimos. Colhi algumas das quadras, dum dos Camargos do lugar, pois que Carapicuíba foi feudo dos Camargos, que aí se acoitavam, nas suas brigas com os Pires. Este Camargo vivo os conhecia desde os tempos em que principiou a participar da dansa da Santa Cruz, ha quarenta e tres anos passados. A quadra de salvação que se entôa diante da porta da igreja, diz assim:

> Deus te salve casa santa,
> Aonde os santos têm morada,
> Aonde está o calix bento
> E a hóstia consagrada!

Eis algumas quadras de salvação em frente das cruzes:

> Deus te salve, cruz bendita,
> Filho da Virgem Maria,
> Em louvor ô (ao) vosso nome
> Festejamos vosso dia!
>
> Viva nossa Santa Cruz,

DANSA DA SANTA CRUZ

Viva tambem São Joao,
Protejei os seus devotos
Que cumpre a devoção!

Deus te salve, cruz bendita,
Consagrado, santo lenho,
Onde foi crucificado
Jesus Cristo Nazareno!

Pelo sangue de Jesus,
Virgem Santa estremecida...
Protegei os seus devotos
Fostes por Deus escolhida

No carvalho junto à cruz,
Com alma de dor ferido...
Jesus Cristo verdadeiro,
Perdoai ao arrependido...

Do céu caiu um cravo,
No braços de Santa Cruz,
Do cravo nasceu a Virgem,
Da Virgem nasceu Jesus.

Eis quadras, de despedida, diante de cada cruz:

Vamos dar a despedida,
Como se costuma dar
Amanhã por estas horas,
Voltamos te visitar.

Vamos dar a despedida,
Como deu o sabiá;

Amanhã por estas horas
Estarei neste lugar.

Vamos dar a despedida,
Como deu Cristo em Belem;
Vamos todos dar um viva,
Até pro ano que vem!

No último dia da festa
Vamos despedir da cruz
Que nos dê vida e saúde,
Para sempre amem Jesus.

Estas duas últimas quadras só são ditas no terceiro dia, no fim da noite, quando, depois dos dansados diante de todas as cruzes, se está de novo salvando o cruzeiro do centro da praça. Outras quadras profanas, iniciadas pelo verso-feito tradicional, já se imiscuíram nas despedidas ás cruzes. Como esta, por exemplo, que tambem colhi:

Vamos dar a despedida,
Como se costuma dar;
Não sinto a minha ida,
Como sinto te deixar.

No caso, a rima dupla parece ser meramente casual.

DANSA DA SANTA CRUZ

Todas essas quadras e muitas outras, de sentido religioso, que não pude colher pelas condições em que estava, são cantadas no início de cada dansado e não durante o dansado propriamente. Durante êste, as quadras são na generalidade profanas, e ás vezes comicas. Eis tres, me dadas ainda por pessoas da familia Camargo, sendo que a primeira, um deles trouxe de Jacareí.

Me mandáro uma laranja
Que (sic) a doçura me matou:
Si a laranja me mata,
Que fará quem me mandou!

Numa mesinha redonda
Com uma menina joguei;
Jogando com ela, perdi;
Perdendo mesmo, ganhei.

Sentei na beira do rio,
Para vê a agua correr;
Atirei ũa pedrinha nele,
Fez: Tim-gum!

O mais curioso na Dansa da Santa Cruz é a coreografia. Os cantadores com suas violas e o resto da orquestrinha, formam uma linha reta na frente da porta da igreja. Atrás deles em linhas sucessivas estão dispostos os outros dansadores. Primeiro se tem de salvar a igreja, pedir licença pra dansar e se despedir dela. Nessa parte do rito, embora não haja proibição atual, são rarissimas as mulheres que tomam parte. Si uma ainda apareceu e só nesse pedido de licença inicial diante da igreja, nos outros pedidos de licença diante de cada cruz, não vi nenhuma. É possivel que a tradição primitiva proibisse a participação feminina nessa parte propriamente religiosa da coreografia. Mas não posso garantir nada. Os instrumentos principiam tocando. Depois de bem fixo o ritmo e a tonalidade, o puxador entôa uma quadrinha de louvação, do gênero da primeira que dei. Não a entôa completa. Diz apenas os dois primeiros versos, no fim dos quais o grupo todo entôa a firmata no acorde de tonica, como já indiquei. Terminada a firmata, todo o grupo faz um movimento de recúo, em passo simples, se afastando o mais possivel da igreja. Esse passo porém é executado com o corpo meio curvado prá frente, e implica ainda um movimento de oscilação de torso e cabeça, que a cada passo, se curvam prá frente e se erguem, numa especie de estilização do cumprimento. Depois de afastados, sempre na mesma ordem de linhas de dansadores postadas umas atrás das outras, o grupo todo avança, sempre no mesmo passo e atinge de novo o lugar inicial, junto da porta da igreja. É então que o cantador conclúi a quadra, seguido sempre do acorde coral. Isso se repete por várias vezes, sem modificação coreográfica. Ás vezes apenas, durante os avanços ou recúos, o cantador dá uma volta sobre si mesmo, no que é imitado por todos. Outras vezes, durante os avanços, em vez de seguir normalmente até o ponto de partida, o cantador torna a recuar de sopetão, o que ocasiona atropelos, choques de corpos e procurada comicidade. Pra terminar, depois do último avanço que deixou todos na posição e lugar inicial, o cantador com a primeira fila, feita pelos instrumentistas, fazem meia-volta, encarando o resto dos dansantes. Tudo para. Está pedida á igreja a licença pra dansar, e estão todos despedidos dela. Todo êste rito se repete integralmente outra vez, diante do cruzeiro da praça. E se repetirá sempre diante de cada cruz de flores. É só depois do pedido de licença ao cruzeiro, que se forma a primeira roda de dansa. Um grupo de mulheres, contadas geralmente entre as milhores dansarinas, se posta na frente dos cantadores e da orquestrinha, á distância duns dois metros, formando pares. O resto da população forma, continuando as duas filas, a exterior de homens, a interior de mulheres, uma enorme roda, e o dansado principia, movendo sempre prá direita. O ritmo é sempre o mesmo. O passo coreográfico é apenas um, sempre o mesmo durante todos os dansados das tres noites. Consiste no seguinte: As filas estão em ordem de marcha, quero dizer, cada dansarino voltado na direção em que a roda vai se mover. Com o pé esquerdo, os homens dão um passo prá frente, concluindo o passo todo com o movimento de avanço do pé direito. Apenas êste não deu um passo inteiro, que o colocaria mais adiantado que o esquerdo: deu meio passo e se colocou exatamente junto do esquerdo. Então êste, num movimento circular, executa pra trás um quarto de passo, de forma que fica enfrentando não mais o companheiro do mesmo sexo que lhe está na frente, mas o par feminino da outra fileira. E o pé direito então, com um pequeno movimento de recúo e mudança de direção, vem se colocar de novo junto do esquerdo e na direção dêste. Assim, agora mulher e homem se enfrentam. Esse é o passo. O corpo, como no rito anterior, se mantem sempre levemente curvado, a cada movimento dos pés fazendo uma oscilação leve de quem está cumprimentando. O tique caracteristico do dansado, sistemático, e só realizado bem pelos bons dansarinos da dança da Santa Cruz, consiste num movimento bastante dificil de descrever literariamente. Quando o pé esquerdo recúa o seu quarto de passo circular pra enfrentar a mulher, a perna direita em que o corpo está se equilibrando no instante (e que fizera uma leve curvatura de joelho quando, no passo anterior, o pé direito se apoiara no chão) se inteiriça com certa rapidez, de forma que o corpo se suspende um bocado mais. O dançarino aproveita êsse movimento de alteiamento do corpo, pra jogar a bunda pra trás. Toda esta movimentação aliás é sempre discreta, e consegue ser granciosissima nos bailarinos bons. A mulher executa exatamente a mesma coisa, fazendo com o lado direito do corpo o que o homem faz com o esquerdo. E êste passo se repete infindavelmente. Para reinicia-lo cada vez de completado, no momento em que homem e mulher se enfrentam, o pé esquerdo pra adquirir de novo a posição primitiva é obrigado a fazer um movimento de novo de quarto de círculo, mas prá frente. Ás vezes, quando um grupo de dansadores da roda, ou apenas um par, se entusiasmam demais, principiam gingando com movimentos laterais de quadris e passos mais largos e de repente o par, ou o grupo, dá uma volta balanceada e aspera, cada individuo girando sobre si mesmo.

DANSA DA SANTA CRUZ

Durante o dansado, surgem na roda enorme, novos grupos de cantadores desprovidos de instrumentos. O mestre da dansa com seu acompanhador vocal e sua orquestrinha que não para nunca de bater o ritmo, tira, sempre bipartida e acompanhada das firmatas corais, a sua quadra profana. Quando esta termina, noutro lugar da roda outros cantadores tiram outra quadra. E são depois outros e depois outros, de forma que, nos momentos de grande animação, a cantoria é ininterrupta e o dansado se prolonga sempre lerdo sempre monotono. Mas todos estão delirando de... prazer paulista, sêco, e se diria tristonho. É a base de indio. A dansa de Santa Cruz atualmente é dansada por toda uma população variegadissima que vem ás vezes de leguas longe, dos arredores de Carapicuíba. Vi caipiras carijós, negros, mulatos, portugas, intalianos e japões, sim, até japoneses! fazendo a roda da Santa Cruz. Mas da dansa monótona, sombria mesmo, vinha um rescaldo tão vivo ainda de indiada, que chegava a assombrar. Nunca tive em minha vida uma impressão assim tão direta, tão convencida de herança amerindia, como diante dessa dansa da Santa Cruz. Si é certo que o ambiente multissecular de Carapicuíba me transportava pra tres seculos atrás, creio ter conservado o espirito em bastante nitidez de julgamento e justiça, pra que essa impressão me dada pela dansa não fosse uma fantasia de peito incendiado pela tradição. O coração queimava sim, mas o juízo se mantinha friamente etnográfico. De-fato, não lembro nada nem das descrições, nem das fotografias nem dos filmes de dansas africanas, e muito principalmente das coreografias que os Africanos truxeram pra cá, nada conheço que se assemelhe essencialmente á dansa da Santa Cruz. Em compensação, nas descrições de dansas amerindias do Brasil, nas gravuras, e principalmente num dos filmes do general Rondon, bem como nos fonogramas do Museu Nacional, encontro elementos que me permitem, tanto musical como coreograficamente, ver na dansa da Santa Cruz, de Carapicuíba, uma tradição perfeitamente amerindia, fortemente conservada e viva ainda. Tudo leva a crer, a lição da História como o estado de absoluto atraso e insulamento em que vegeta o vilejo (que nem é ponto de passagem de nenhuma rodovia estadual), tudo me leva a crer que a dansa da Santa Cruz seja ainda um remanescente dos primeiros seculos, uma daquelas festanças de Indio que os jesuitas adotaram na catequese, lhe modificando apenas o rito e os textos, na direção do Catolicismo.

Mário de Andrade
S. Paulo, 7 de maio de 1935

Moçambique

(CANTOS E DANSAS, RECOLHIDOS DO NATURAL,
EM SANTA IZABEL, ESTADO DE SÃO PAULO.)

Entre as diversas dansas-dramaticas de negros, tradicionalizadas no Brasil e conservadas até os nossos dias, ha o *Moçambique*, que a gente rural paulista pronuncia tambem *Maçambique*. Tive ocasião de assistir a êste bailado, na pequenina cidade de Santa Izabel, a 50 e tantos quilometros da capital de São Paulo, pela festa do Espirito Santo, de 1933. Pelo menos aqui no Estado, a festa do Espirito Santo é sistematicamente aproveitada pelos ranchos de negros, ou já exclusivamente de caipiras, pra dansarem seus bailados, *Congos, Moçambiques, Caiapós*. Em Santa Izabel dansava-se qualquer dêstes tres, sendo que o *Congado* (por aqui se diz exclusivamente *Congado*, e não *Congos*, como no Nordeste) diferia do *Moçambique* apenas por haver, no acompanhamento instrumental, um instrumento polifonico, a viola, e algum entrecho. Vai aqui tudo quanto pude observar no *Moçambique* de Santa Izabel.

O *Moçambique* não tem propriamente entrecho dramatico nenhum, e se identifica por isso com os *Maracatús* pernambucanos. É exatamente um cortejo que, em certas festas do ano, vagueia pelas ruas, parando pra dansar na frente de certas casas. Esse cortejo partilha de todo o cerimonial, extra muros, da festa religiosa. Acompanha o Imperador do Divino em suas perambulações, acompanha procissões, etc. Certamente, no tempo de dantes, dansaria no adro das igrejas, ou mesmo dentro destas — coisas já proibidas agora pelos padres. Quando cheguei em Santa Izabel, o rancho do *Moçambique* estava no adro da matriz esperando o fim da missa. Acabada esta, foi acompanhar o Imperador até a casa dele, e na frente dela dansou. De-tardinha escutei o Rei falar que careciam ir tirar as vestimentas de dansa, pra acompanharem a procissão. Alem disso, como se verá da descrição, a religiosidade catolica está completamente misturada com êste bailado, da mesma forma com que se alia ainda aos *Congados*, do Centro, e aos *Maracatús*, do Nordeste.

O rancho se compunha, no total, duns trinta individuos. Todos machos, (não ha bailarinas, como nos *Maracatús*), com excepção da Rainha, e das duas porta-bandeiras, que eram caipirinhas novas. Na grande maioria eram totalmente brancos, caipiras legítimos. O proprio chefe (o Mestre) dos instrumentos, diretor experimentado, ensinador de tudo, ensaiador das dansas, dirigindo no seu instrumento a percussão acompanhante, era caipira, sem traço de sangue negro.

PERSONAGENS E INDUMENTARIA

O REI — Era um negro velho, de raça provavelmente pura. Todo de branco, apenas a camisa e calça de trabalho, lavadas. Sobre a cabeça tinha um lenço verde, de que uma das pontas lhe caía sobre a testa. Sobre o lenço estava imposta a corôa dourada. Na mão uma especie de ceptro.

A RAINHA — Tambem uma negra velha, bem arranjadinha, toda de branco. A tiracolo uma estreita fita azul, terminando em laço pendente, na anca direita. Na cabeça uma dessas corôas pequenas, com florzinhas prateadas e fios de prata, usadas comumente pra enfeitar anjos e virgens de procissão. Nas mãos uma pequena salva de vidro, pra colher esmolas.

2 PORTA-ESTANDARTES — Moças sem distintivo algum na indumentaria, carregando as figuras de Santo Antonio e da Senhora do Rosario, em pinturas populares. Os dois estandartes estavam abundantemente enfeitados com flôres de papel.

OS MOÇAMBIQUES — São os figurantes do bailado. Todos com roupas brancas, camisa e calça, ou de riscadinho miúdo, já desbotado do Sol e das lavagens. O tom procurado era mesmo o branco. Tambem nos Congados, tanto de Minas como de São Paulo, a côr geral procurada é o branco; no que os bailes daqui diferem fortemente dos de todo o Norte, onde o branco é esquecido, a não ser, e obrigatoriamente, pela maruja de certos reisados. Na barra da calça, num courinho que a aperta, está prêso o *conguinho*, pequeno caracaxá de lata. A indumentaria especial dos Moçambiques consistia exclusivamente no chapéu, no bastão, e na pala. Esta, ao feitio das palas femininas, era amarrada por uma fita no pescoço. E sôlta, circular, terminando na altura do ombro. Da mesma forma que o chapéu, a pala é decorado fantasistamente, á vontade do freguês. As côres não eram obrigatorias, e havia palas verdes, pretas, azúis. Uma, duas fitinhas de côr diferente, corriam, costuradas, junto á borda da pala. Algumas palas traziam tambem estrelinhas prateadas, ou pequenos laços de fita ou de papel-de-seda colorido, dispostos sem ordem fixa. O bastão, de pau roliço, terá pouco menos de metro. A dois terços do comprimento é perfurado, e pelo orificio passam um amarrilho, do qual pendem muitas fitinhas estreitas de côr variada. O chapéu é uma especie de fez, de pouca altura, tambem com liberdade completa de decoração. Sobre o fundo, indiferentemente branco, vermelho ou preto, colam serpentinas ou costuram fitas de outras côres. Alguns eram decorados com rendas douradas, outros tinham lacinhos e pufes, um mesmo era tomado completamente, sobre o fundo vermelho, por um entremeio de chochê.

INSTRUMENTOS

No *Moçambique* é usada sistematicamente a percussão. Havia caixas de dois tamanhos e duas *pernangumas*. A *Pernanguma*, ou *Prananguma* como pronunciou um dos caipiras, como nome e forma jamais eu vira. É um instrumento do mesmo princípio acustico do ganzá, mas diferindo completamente dêste pela forma. Consiste numa lata redonda, chata, duns trinta centimetros de diametro, contendo chumbo dentro. Fecham a lata com os chumbinhos dentro, soldam-a completamente e lhe ajuntam duas alças por onde o instrumentista pega o instrumento e o move. Como se

MOÇAMBIQUE

dá com os... virtuoses do ganzá, o tocador da pernanguma sabia tirar do seu instrumento muitos ruídos diferentes, chiados suaves com o correr lerdo do chumbo, pancadas violentas, pancadas mais suaves.

O BAILADO

O bailado, concebido no conceito da Suite, se prolonga indefinidamente, sem ordem predeterminada de dansas, e nem mesmo ordem obrigatoria na figuração coreografica de cada dansa. Os bailarinos mais habeis, que são os quatro da frente, mudam de figuração quando querem, e o resto do cordão os segue. Entre um e outro número de dansa, tem sempre uma louvação aos santos, de tipo responsorial, solo e côro, e sob o princípio do recitativo. Este recitativo, não é propriamente cantado, é gemido, é por assim dizer, queixado. O solista o entoa botando a mão ao lado da boca ou mesmo sobre ela, e produz voluntariamente um som fanhoso, completamente diverso do das melodias das dansas, que êste é franco, produzido só pela boca. Essas louvações, de pouco interesse melodico, são porêm de grande curiosidade de entoação. O canto lúgubre produzido pelo solista e pelos respondedores, na sua incrivel indecisão linear, se assemelha ás vezes vagamente a certas linhas de cantochão. Provavelmente essas louvações serão inspiradas nos cantos de igreja, nos te-deuns, nas bênçãos do Santissimo, e principalmente en certas dialogações entre oficiante e côro nas missas cantadas, e nas ladaínhas. Mas evocam invencivelmente a escravidão, e aqueles tempos, nas fazendas, em que as rezas dos senhores eram respondidas com os amens e sicuteras indiferentemente fatigados dos escravos. A indiferença, a falta de controle intelectual ou de sentimento, com que êsses louvores são entoados, é total. Por outro lado, é curiosissimo notar que tais louvações se identificam absolutamente com os recitativos que nos batuques rurais do Centro do país (pelo menos em São Paulo) são intercalados entre um samba e outro. De resto, os processos de criação musical e poetica, dos sambas paulistas que já pude observar, são os mesmos que dêste *Moçambique*. A diferença é mais de textos, que nos batuques, como nos seus recitativos intermediarios são profanos e no geral improvisados, ao passo que no *Moçambique* são religiosos, vagamente tradicionais, ou se relacionando com a parte representativa do bailado. Eis um texto de louvação, sistematicamente repetido neste Moçambique:

> Solo: — Valei! Valei Nossa Sinhóra du Rusaro!
> Côro: — Ai, (ou Ei) meu Deus!
> Solo: — Valei-me Santo Bastião!
> Côro : — Ai, (ou Ei) meu Deus!

Tambem, como nos sambas paulistas, enunciada a melodia da dansa pelo solista, o côro, conforme a disposição estrofica, ou repete integralmente a melodia ou a completa com alguma resposta. Mas desde que a estrofe se complete, o texto será repetido sempre o mesmo, sem variação alguma, durante todo êsse número de dansa, 30, 40 vezes. De resto, pelo menos êste *Moçambique* de Santa Izabel era musicalmente e poeticamente pauperrimo. Quasi todos os números foram cantados com a mesma melodia (Melodia nº 1) ou com as outras duas que vão aqui. Não ouvi usarem de outras melodias.

A coreografia, sim, era bastante rica — justo pois a parte mais difícil de registrar literariamente. Originalidade de movimentação de pés, muita variedade de transladação e combinação de movimentos coletivos, muita variedade de jeitos de corpo e de valimento do bastão.

A disposição geral é a mesma dos ranchos e bailados do país. O cortejo se organiza, indo na frente os dois porta-estandartes, em seguida o par do Rei com a Rainha, em seguida os instrumentistas, e atrás os bailarinos, tudo a dois de fundo. Quando param pra dansar, os porta-estandartes se voltam pros bailarinos, bem como o Rei e a Rainha, êstes se dispondo indiferentemente, ao lado ou na frente dos estandartes. Os instrumentos se colocom a um lado, junto dos personagens principais.

Inicialmente os bailarinos, nas suas duas fieiras, se defrontam. Em quasi todas as dansas, apesar dos bailarinos serem todos homens, permanece a noção coreografica do par. O primeiro bailarino relacionará sempre a sua dansa pessoal com a do companheiro do lado, e ambos relacionarão as suas figurações, os seus *manejos* como êles falavam, com a do par fronteiro. Algumas vezes porêm o círculo fecha, e as dansas continuarão numa roda que gira.

JAZZ RURAL

Eis algumas dansas que consegui colher, sempre reconhecida a quasi impossibilidade de descrever com exatidão a coreografia.

DANSA N° 1.

Ai viva nossa corôa!
Ai viva nossa corôa!
Ai viv'o Sinhô Divino,
Santo Antônho de Lisboa!

(O côro repete integralmente a estrofe.)

EXPLICAÇÃO DAS GRAFIAS COREOGRAFICAS

Na verdade essas tres grafias coreograficas não passam de variantes umas das outras. A variante nº 3, que é a mais simples e mais lógica, e que por isso poderá se considerar como protótipo, foi no entanto a que vi executada menos vezes. As outras duas foram mais repetidas e, apesar da fadiga que causa á perna esquerda, a de mais preferencia, não só por mais repetida como porquê despertava maior entusiasmo nos bailarinos, foi a de nº 2.

O sinal D indica o pé direito. O sinal E indica o pé esquerdo. D e E representam os pés quando pousados no chão e sustentando o pêso do corpo. Ꙁ e Ǝ representam os pés quando em pausa, erguidos junto ao outro pé que pousa, e imoveis. Ꙁ e Ʉ representam os pés quando transladando-se da pausa, ou obliquamente prá frente ou pra trás, ou então lateralmente. Ꙁ e Ʉ representam os pés batendo com a planta inteira no chão, e fazendo, pois, soar os conguinhos.

Quando o solista entoa a melodia, os dansarinos estão imoveis. Enunciada a melodia completa, os dansarinos a repetem, completamente ainda e sempre imoveis. E essa imobilidade espectante continua até que o ritmo e o texto se fixem bem. Quando a cantoria está mesmo bem fixa, o que chamarei de Primeiro Bailarino abre a dansa, e os outros, que estão reparando nele, o imitam imediatamente. Não tem apito nem outro processo nenhum de determinar a mudança dum manejo pra outro.

COREOGRAFIA Nº 3

Fixada a cantoria, todos, que estão com os dois pés pousados no chão, á primeira colchêia em arsis da melodia, batem com o pé direito no chão. Ao tempo forte seguinte tornam a bater com o mesmo pé e o erguem um centimetro do chão, em pausa mais ou menos de colchêia, figurando assim a síncopa do primeiro tempo com uma pausa do pé direito erguido. Á última semicolchêia do primeiro tempo executam um movimento de translação dêsse mesmo pé, ou lateralmente prá direita, ou obliquamente prá frente; neste último caso, visando se aproximar do bailarino da fila fronteira, e que estava distante no início da dansa apenas uns tres metros. (Como os movimentos laterais não implicam sinão um ir e vir lateral do bailarino, não o indicarei mais. Escolhidas as traslações laterais, elas se repetem infindavelmente até o primeiro bailarino iniciar algum manejo novo.)

Feito o movimento de translação oblíqua prá frente do pé direito, êste pousa no chão á primeira semicolchêia do segundo tempo do compasso. Á segunda semicolchêia, o pé esquerdo, que ficara á distância de passo do direito, translada-se pra junto dêste, e, á colchêia que completa o compasso, bate no chão. É pois agora o pé esquerdo que bate no chão, e em nova batida inicia o compasso seguinte. Este será absolutamente identico ao primeiro, como figuração coreografica, apenas o que foi feito com o pé direito no primeiro compasso, é feito agora pelo esquerdo e vice-versa. E como o bailarino fez novo movimento de traslação prá frente, agora êle está junto do bailarino da fila fronteira —

o que quer dizer que as duas fieiras estão perfeitamente unidas agora, no centro do terreno em que se dansa. O terceiro e quarto compassos são absolutamente identicos aos dois primeiros, só que agora os movimentos de translação, em vez de serem prá frente, são pra trás, os bailarinos voltando pois de costas, ao lugar em que estavam no início. E como a melodia comporta ainda mais quatro compassos pra completar a quadratura, temos que os dansarinos ainda executarão mais um... manejo completo de ir até junto do dansarino fronteiro e voltar ao lugar inicial.

COREOGRAFIA Nº 1

Trata-se evidentemente duma variante apenas, e preferida, da coreografia nº 3. A diferença consiste em que as duas batidas com o pé no chão, em que os conguinhos soam mais vivos, são feitas sempre só com o pé direito. Assim, na segunda metade do segundo tempo do primeiro compasso, o pé esquerdo apenas se translada pra junto do pé direito e pousa de leve no chão - ao acento forte da primeira parte do segundo compasso; mas se ergue de novo, e faz novo movimento de translação obliqua prá frente, pousando e recebendo o pêso do corpo no primeiro som do segundo tempo. Então o pé direito se translada pra junto dele e executa de novo as duas batidas no chão. Nos dois compassos seguintes todo êsse manejo é repetido pra trás, os dansarinos voltando aos seus lugares primitivos.

JAZZ RURAL

COREOGRAFIA Nº 2

Esta coreografia foi a que vi mais numerosamente repetida. É a mais dificil por contradizer muito o movimento natural do compasso binario. Se observará, com efeito, que o dansarino executa um manejo que exige tres tempos inteiros pra se completar — o que faz com que só depois de tres repetições da melodia completa, isto é, só depois de 24 compassos, êle se encontre no movimento coreografico-melodico inicial! A movimentação é a seguinte:

O primeiro tempo do primeiro compasso é exatamente igual ao das outras duas variantes. Depois do pé direito estar pousado de novo, o pé esquerdo, na primeira metade do segundo tempo, executa, sem pouso intermediario no chão, dois movimentos rapidos de traslação: o 1º na primeira semicolchêia da segunda metade dêsse mesmo tempo, indo obliquamente até bater ou quasi bater com o calcanhar no calcanhar do pé direito pousado; e o 2º na semicolchêia final do compasso, afastando-se do pé direito, obliquamente, prá frente, e só então, na acentuação forte do primeiro tempo do segundo compasso, pousando no chão e recebendo sobre si o pêso do corpo. Já porêm na segunda semicolchêia dêsse tempo, o pé direito se translada rapido pra junto do pé esquerdo, e, na colchêia que acaba êsse tempo, executa a batida no chão pra soar o conguinho. Na primeira colchêia do tempo seguinte bate de novo no chão, perfazendo as duas batidas caracteristicas da coreografia. Assim, em vez dum número par de tempos de compasso, foram necessarios tres tempos. E outros tres tempos serão necessarios pra execução completa do mesmo movimento, só que agora de recúo, pra voltar ao lugar inicial.

Esse é o movimento de pés do manejo principal do *Moçambique*, e de suas variantes. Mais dificil de figurar é o meneio do corpo. Resta aliás observar tambem que o que chamei de "passo" e translação dos pés, era um verdadeiro pulinho, havendo pois, no movimento de traslação pulado, pequenos momentos, no maximo de semicolchêia em que o bailarino fica com os dois pés no ar. E mesmo quando não se dava pulo, mas um verdadeiro passo, êste em nada se assemelhava ao passo natural do andar, porquê o dansarino, nos momentos de pouso, em que um dos pés executa as duas batidas características no chão, curvava o joelho da perna correspondente ao outro pé. E depois, nos momentos de translação de qualquer dos pés, esticava o joelho recurvado na outra perna, formando assim um movimento sucessivo de abaixar e erguer de corpo, ondulante, assimilavel ao pulinho.

A postura natural dos dansarinos é de curvatura pra frente, o corpo dobrado, nos figurantes mais habeis, nos rins, num ângulo muito incisivo, de pouco mais de 90 graus. E como os joelhos, nas posições de pouso, estão sempre flexionados, o bailarino de perfil é uma linha quebrada de tres retas:

JAZZ RURAL

E, mesmo quando está junto do bailarino da linha fronteira, não executa a embigada tradicional dos sambas, nem siquer a esboça. A embigada é completamente desconhecida dêste *Moçambique*.

Não porém o movimento de ancas. Depois dos pulos ou passos, quando o pé que vai sustentar o pêso do corpo, pousa no chão, os dansarinos mais habeis faziam movimentos fortes de anca, na mesma direção da translação que acabava-se de realizar, levando a bunda nessa direção, em movimento suave. Assim, o pé pousado não podia ficar inteiramente imovel, mas praticava no chão um movimento rotativo, sempre dirigido na mesma direção do movimento de anca. E os braços, quando não tinham coreografia especial, se dobravam na cintura, onde apoiavam pelas costas das mãos.

Essas tres variantes do mesmo passo foram repetidas em quasi todas as dansas, ora uma, ora outra, indiferentemente. Anoto agora as figurações tomadas com êste primeiro texto:

1: Executam o passo, avançando e voltando ao lugar várias vezes. 2: Depois disso, o primeiro bailarino, que é ponta de fila, se volta pro companheiro que lhe está imediatamente ao lado na mesma fila, e o mesmo fazem as figuras ímpares das duas fieiras. Assim, cada fieira realiza agora, nitidamente, um grupo de pares, cada bailarino defrontando o seu par. Cada par executa então o mesmo passo anterior, só que em translações sempre prá frente, dando ao avanço do bailarino uma direção circular, de forma que cada par gira sobre si mesmo:

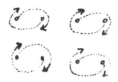

3: Executada essa figuração várias vezes, começa outra que consiste nas duas filas do bailado se ligarem por suas extremidades, formando roda. Mas sempre cada bailarino está voltado pro seu par, de forma que a roda (que em qualquer das dansas girou sempre á esquerda; e todos os movimentos de giro, tanto do bailarino sobre si mesmo, como dos pares foram sempre executados prá esquerda) comportará sempre bailarinos que avançam circularmente de costas, e seus pares, que avançam circularmente de frente. Os de costas fazem aqui sempre só movimentos de translação prá retaguarda, está claro.

Terminado o giro completo da roda e voltados todos os bailarinos aos seus lugares iniciais, tudo parou.

DANSA Nº 2

Mesma melodia da dansa nº 1. Texto:

> Glorioso São Binidito,
> Glorioso Santú Bastião!
> Estí nossu patraozinho
> Insinô nossús irmão!

("santú" por santo; "êstí" por êste: deformações ocasionadas pela acentuação ritmica.)

FIGURAÇÕES

O passo continua o mesmo, numa das suas variantes. 1: Mesma figuração nº 1 da dansa anterior. 2: A figuração consiste aqui em avançar pro bailarino fronteiro da outra fila e bater com o bastão no dele; voltar ao lugar inicial, fazer direita ou esquerda volver, de forma a defrontar o bailarino que, na mesma fila, lhe serve de par, avançar pra êle, bater com êle bastão, e voltar ao lugar primitivo. Novo volver, deixará o bailarino de novo defrontando o bailarino fronteiro da outra fila, com o qual já bateu bastão. E tudo se repetirá, na mesma, várias vezes. 3: Todos ficam de cócoras de repente, e abandonam o passo primitivo. E repetem toda a figuração de bater bastões, como ficou descrito no nº 2. O passo agora consiste num verdadeiro one-step, de cócoras, fazendo um passo completo, isto é, translação dos dois pés, a cada compasso. Os inícios fortes de cada tempo servem pro pé que mudou de lugar, se apoiar no chão e receber o pêso do corpo. E enquanto o corpo se inclina de ombro pro lado do pé que se apoiou no chão, a outra perna, livre de pêso, distender-se-á prá frente, de forma ao pé bater com o calcanhar no chão. É êste um passo classico de dansa eslava, que já encontrei no Nordeste, executado no bailado dos *Cabocolinhos*. Esta repetição dele aqui no Sul, em região sem progresso nem paroaras, morada de caipiras muito carijós, creio que prova suficientemente ser êsse um passo tradicional de nosso povo, e mais uma coincidencia nossa com os eslavos. Donde nos teria vindo êsse passo? De portugueses, temos a certeza que não veio. De amerindios ou de negros, não me lembro de viajante que, nas suas descrições de dansas indigenas ou afrobrasileiras, tenha se referido a qualquer coreografia que se possa equiparar ao que observei. Parece que esta coreografia é invenção original do já brasileiro, sem base inspiradora em nenhuma tradição etnica. Resta notar que, tanto no Nordeste como em Santa Izabel, não havia a minima esperança de virtuosidade artistica — o que quer dizer que a perna distendida jamais pretendia ficar numa reta perfeita na frente do corpo, assim como a perna flexionada jamais se flexionava tanto a ponto da bunda do bailarino ir lhe bater no calcanhar, ou quasi. E si neste pobre *Moçambique* de caipiras, não pude mesmo descobrir nenhuma pretensão individualista ao esmero e á façanha coreografica, nenhum conceito de virtuosidade, no Nordeste êsse conceito existe muito desenvolvido e permanente. O que parece provar que, o passo é mesmo bem assim, imperfeito e canhestro, e assim desejado. Si acaso o passo eslavo e brasileiro tem a mesma origem mimetica, entre os eslavos êle se desenvolveu artisticamente tanto, e se fixou em tais exigencias esteticas, que terá perdido a noção de sua origem. E se tornou um passo de coreografia virtuosistica, de arte pura. Aqui entre nós me parece que isso não se deu, e o passo ainda guarda a memoria de sua origem mimetica, muito provavelmente totemica. Com efeito, nos *Cabocolinhos* de Cruz de Alma (João Pessoa) onde o passo apareceu, e só uma vez, foi aplicado ao que me disseram chamar Dansa do Sapo. O caracter totemico, a função liturgica me parece evidente nisso. No *Moçambique* de Santa Izabel não havia êssa função. Já era um passo de coreografia pura, sem nome que indicasse qualquer imitação da natureza. Foi executado em várias dansas, e bastante repetido. A gente percebia que era das figurações preferidas, pela extravagancia, e pelo dispêndio de fôrças que exigia. E alem disso, as batidas de bastões, figuração universal de coreografia guerreira, lhe desmoralizava o sentido. Mas o fato de não distenderem completamente a perna atirada prá frente, nem curvarem totalmente o joelho flexionado, pareciam menos defeitos de virtuosidade, que normas ainda preservadas de alguma figuração mimetica esquecida. Com efeito, toda essa esquerdice de movimentos não estilizados, dava ao corpo um não-sei-quê de mais irracional, de deselegancia procurada e necessaria, de enfim, exigencia ritual de imitações votivas, proprias das religiões naturais. Não me pereceu propriamente uma falta de virtuosidade, e sim, uma preservação de algum rito perdido.

DANSA Nº 3

Mesma melodia da Dansa nº 1. Texto:

> Devino desceu du céu,
> Cubriu u mundú di lúiz;
> Chegai, pecador contriste,
> Pra bejá a Santa Crúiz!

("Mundú" está por mundo, acentuado conforme á ritmica musical; "contriste" é uma bem comovente etimologia popular de contrito.)

FIGURAÇÕES

Nas circunstancias em que me achava, foi impossivel tomar as figurações de todas as dansas e sua seriação natural. De resto, á medida que os dansarinos se cansavam, o primeiro bailarino mudava mais rapidamente de figuração, buscando na mudança a diversão do espirito, e o repouso, ou a ilusão de repouso, que mudança dá. Cumpre tambem notar que a ordem das figurações não era absolutamente obrigatoria. Tinha manejos que se repetiam, tinha combinações novas de figurações já usadas antes, tudo dependendo da exclusiva fantasia do primeiro bailarino. É preciso não esquecer que o *Moçambique*, pelo menos no estado em que o observei, é uma suíte livre de dansas, uma ou outra conservando apenas algum levissimo traço de entrecho dramatico. Traços êstes que era impossivel, pelo visto, garantir como

JAZZ RURAL

remanescencias dum entrecho original obliterado, ou apenas (e creio isto mais provável...) influência do entrecho dramatico dos Congados.

Recomeçado o passo caracteristico numa das suas variantes, o que me chamou especialmente atenção nesta dansa, foi a curiosa variedade de movimento imprimido ao bastão. O bastão é em geral carregado pela mão esquerda. Quando o bailarino tem de bater bastão com algum vis-a-vis, o passa rápido prá mão direita, bate e o faz voltar imediatamente prá esquerda, tudo isso produzindo uma seriezinha de tres percussões a compasso, e procuradas: a mão direita empalmando com estalido o bastão, a batida bastão contra bastão (que cai sempre em início de tempo de compasso) e de novo a mão esquerda empalmando o bastão. Nesta dansa foram aproveitados principalmente os diversos movimentos giratorios que era possivel imprimir ao bastão na frente do corpo, com emprêgo simultâneo das duas mãos. Segurando o bastão pelo meio, o giravam tanto em plano paralelo ao corpo, como, estendendo bem os braços prá frente, em plano oposto ao do corpo. O movimento mais interessante porêm consistia em cada mão segurar o bastão por uma das suas extremidades e lhe imprimir um movimento giratorio (um bocado mais lento que o do ritmo musical...) em frente e em plano oposto ao do corpo. Esse vistoso movimento braçal, figurando alguem que estivesse a mover manivelas de duas rodas invisiveis, juntando as fitas esvoaçando no ar, formavam uma figuração mesmo linda.

DANSA Nº 4

Ai, licença do Rei,
Ai, licença do Méstri,
Ai, licença devéra (deveras)
Pra nóis manejá!

(A síncopa do terceiro compasso é mero fruto de dicção. A ligação da sílaba "tri" de "mestre" com a interjeição "Ai" do verso seguinte, formando um hiato, por assim dizer, oralmente muito pesado, obrigou a conceder a esse hiato maior tempo ritmico.)

FIGURAÇÕES

Aqui a coreografia se complicava muito, e as figurações ficaram difíceis de descrever. 1: Usando sistematicamente a variante nº 2 do passo tradicional, cada bailarino, segurando o bastão por uma extremidade, estendia a outra extremidade pro bailarino fronteiro na outra fila, que a segurava. Ficavam assim, cada dois bailarinos ligados entre si pelos seus bastões e braços distendidos. Ao primeiro movimento de translação prá frente, que os aproximava um do outro, cada qual erguia o braço esquerdo ao passo que abaixava o direito, de forma a no início do segundo tempo do compasso, os dois bastões estarem em posição vertical. Ao segundo movimento de translação prá frente, cada bailarino dobrava junto do peito, no cotovelo e no pulso, o braço esquerdo que se erguera um pouco na traslação anterior, ao passo que o outro bailarino, que no movimento anterior abaixara o seu braço direito correspondente a êsse mesmo lado, o esticava de novo prá frente, como na intenção de abraçar o companheiro, e fazendo, pois, o bastão passar por debaixo do sovaco dêste. Como do outro lado, os dois bailarinos faziam o mesmo, só que em sentido contrário, isto é, o que um faz do seu lado direito, o outro fazendo tambem á sua direita, cada um dos dois fica abraçado duma banda só, e com o bastão (que traz sempre seguro com a mão esquerda dobrada junto do peito) lhe passando por debaixo do braço. Com as duas translações pra trás, voltavam ao lugar do princípio, da mesma forma com que desfaziam os gestos e ficavam na postura inicial. 2: Depois de repetirem várias vezes essa figuração, unem os dois bastões na frente do corpo e continuam repetindo o passo caracteristico na sua variante n° 3, exclusivamente em translações laterais. Esta figuração se maneja de dois em dois pares, cada par unido por dois bastões que ondulam na frente dos corpos. Depois de repetirem várias vezes a coreografia n° 3, em translações exclusivamente laterais, num momento dado, o primeiro par, ao fazer o movimento de translação que o aproxima do par

MOÇAMBIQUE

com o qual perfaz a quadra, em vez dum simples passo ou pulinho, dá um grande pulo, ao mesmo tempo erguendo os bastões unidos. O outro par da quadra, nesse momento dá tambem um grande pulo, em sentido contrário, abaixando porêm bastões e cabeças, de forma a passar por debaixo dos bastões unidos do par com que dansa. Trocados, pois, os dois pares de lugar, os quatro bailarinos giram rapido cada qual sobre si mesmo, sempre na direção da esquerda prá direita. Mas os bastões perseveram unidos, segurados no giro, primeiro só pela mão esquerda até que os dois bailarinos, que os seguram, se darem as costas, e então segurados pela mão direita que foi buscar os bastões ás costas, e os segura sozinha até que o corpo completou o giro, e estão de novo os dois bailarinos se defrontando. Recomeça outra vez a translação lateral ondulante, até que executam de novo os dois pares o grande pulo, fazendo cada qual o que o outro fizera no primeiro pulo, e voltando todos ás suas posições primitivas. 3: Repete-se a mesma figuração, mas de cócoras, em passo de one-step. 4: Todos erguidos, sempre na variante nº 3 do passo, em translação tambem sempre lateral, e sempre de bastões unidos, mas seguros só com uma das mãos, ou passando-os duma para a outra mão, os bailarinos giram sobre si mesmos, e depois, durante uma translação lateral, passam um dos pés (o que executa primeiro o movimento de translação que está se realizando) por cima dos bastões unidos.

DANSA Nº 5

Solo: — A divisa do Rei...
Côro: — É a corôa!

FIGURAÇÕES

Esta foi a unica, das dansas que vi, de que o Rei participou. Iniciada a cantoria, o Rei foi se colocar no centro do bailado, entre as duas fieiras, que já estão nos seus lugares, fazendo qualquer das variantes do passo de tradição, em movimentos laterais. Quando o Rei para no centro, imediatamente, sem perder o passo, os bailarinos formam roda apertada em torno dele, e o cobrem com os bastões (que passaram prás mãos direitas) e braços direitos distendidos. E nas mesmas translações laterais de corpo, num vaivem gostoso, com traslações de passo pequenino prá direita e de salto mais largo prá esquerda, giram lentamente, ondulantemente, em volta do Rei. 2: O Rei se abaixa de sopetão. Todos o imitam, e a roda continua girando de cócoras, em passo de one-step.

MOÇAMBIQUE

DANSA Nº 6

Moçambique. Variante da Melodia nº 3   P. Paulo

Solo: — Ai, cumu é bunita...
Côro: — Ai, nossa bandêra!

FIGURAÇÕES

Este manejo funde de novo grupos de dois pares, e consiste numa figuração apenas. No passo tradicional, em translações laterais, a um momento dado, cada bailarino dá um pulo violento pra frente e atinge o lugar em que estava o bailarino fronteiro na outra fila. Durante o pulo, feito numa translação só, quando os dois bailarinos pulantes passam um pelo outro, chocam violentamente os bastões. Chegado cada qual ao lugar pra que se trasladou com o pulo, fazem todos meia-volta rapida e repetem tudo em sentido contrário, voltando cada qual ao seu lugar de início. Ai chegado, cada bailarino faz esquerda ou direita volver, e repete tudo, mas com seu par da mesma fileira.

DANSA Nº 7

Seu festêru mandô mi chamá,
Eu num sei praquê será;
Hoji é dia di aligria
Pra festejá u Sinhô Devino!

FIGURAÇÕES

O manejo aqui é simples e funde de novo grupos de dois pares. O passo agora é de one-step e parece implicar a obrigação de não fazer nenhum ruído com os conguinhos. Pelo menos os quatro primeiros bailarinos pisavam com delicadeza visivelmente procurada, intencional, duma verdadeira elegancia e vaporosidade coreografica. A posição de cada bailarino consiste em trazer as duas mãos á cinta, mas a que traz o bastão, e que deve ser a que fica do lado exterior de cada par da mesma fila, se coloca de tal forma que o bastão fica empinado verticalmente até a altura da cabeça do bailarino. Cada par está bem unido, os dois bailarinos se encostando de ombro um no outro. Fixado o ritmo, a uma entrada do solista, o manejo principia. Na arsis inicial da melodia, os pés internos de cada par fazem um movimento de traslação prá frente, e apoiam no chão ao início do primeiro tempo do primeiro compasso. Imediatamente os pés externos do par, ficados atrás, se transladam num passo inteiro prá frente dos outros pés, e vão se apoiar no chão ao início do tempo seguinte. Com isso, cada par está agora de peito unido com o par da outra fila, com o qual dansa. Imediatamente os pés internos de cada par, ficados atrás, se transladam prá frente, não porêm em passo inteiro, mas apenas em meio passo, vindo, pois, se colocar junto do pé que está pousado. Agora, pois, como na postura inicial, o pêso do corpo está aguentado pelos pés juntos. A unica habilidade coreografica consistiu na leveza dos passos realizados, (sem nenhum remeleixo de ancas) e na "letra" de, ao pousar junto do outro, o pé ficado atrás, ergue-lo uns vinte centimetros ou pouco mais do chão, dar a impressão de que vai bater forte e soar os conguinhos, mas pousar levissimo, pisando em ovos. Foram necessarios tres tempos pra se realizar todo êsse movimento. O quarto tempo que completa a frase ritmico-melodica, é indicado por uma leve, bem leve curvatura de joelhos, dando ao corpo um pequeno movimento ondulatorio de alto a baixo. Na arsis da segunda frase da melodia, cada bailarino faz esquerda ou direita volver de forma a emparelhar agora com o bailarino que defrontava, e o novo par ficar unindo costas com o outro novo par da quadra. E, com os pés contrários, perfazem, nos novos dois compassos, tudo quando fizeram nos dois primeiros compassos da melodia, sempre em translações

JAZZ RURAL

prá frente — o que faz os dois novos pares se afastarem um do outro. Na arsis da terceira frase melodica, os quatro fazem meia-volta, á esquerda ou á direita, contanto que nêsse meio giro os dois bailarinos emparelhados se dêm as costas. Tanto esta meia-volta como o volver pro lado, não tomam nenhum tempo ritmico, são executados durante a arsis inicial de cada frase melodica, ao mesmo tempo que aquele dos dois pés pousados que executa a primeira translação, se translada. A terceira frase melodica, implicando os mesmos movimentos das duas frases anteriores, une de novo os quatro bailarinos, peito a peito os pares. A quarta e última frase enfim os separa de novo nos dois pares iniciais do manejo, e traz cada bailarino ao seu lugar do início da dansa. Não porêm na mesma direção, pois que tambem nesta frase melodica os movimentos de translação se fazem prá frente, o que obriga, no final da frase, os pares que dansam juntos estarem se dando as costas, e as duas fieiras não mais se defrontando. Será pois necessaria nova meia-volta pra reiniciar todo o manejo, na repetição da melodia.

CONCLUSÃO

Estas foram as figurações coreograficas, as melodias e observações que pude anotar dêste bailado, visto em condições bastante precarias. As melodias das dansas nº 1 e nº 4 foram registradas pelo compositor Camargo Guarnieri. A melodia da dansa nº 5, a sua variante na dansa nº 6, bem como a pequena variante da primeira melodia que vem na dansa nº 7, foram anotadas por mim. É provavel que tenha, durante o dia e noite que êsse Moçambique durou, surgido alguma nova linha melodica. Mas está claro que numa excursão em que, por mais bem intencionados que fossemos, predominava a liberdade do passeio e não a dedicação do estudo, com horas determinadas pra almôço e pra volta a São Paulo, pela tardinha, não era possivel uma colheita sistemática que esgotasse os valores etnograficos do *Moçambique*, de Santa Izabel. Embora êle fosse pobre. Vi mais dansas que essas descritas, com as mesmas melodias e só textos diferentes. Mas toda a vez que me propunha a registrar um texto, eu carecia de me socorrer da Rainha, do Rei ou de mais alguem do bailado, tal era, tão desmanchada e escura, a dicção do cantador e dos bailarinos coristas. Alem disso, a pobreza intelectual dos textos registrados, si não justifica a negligencia do recolhedor, parece indicar uma possivel não tradicionalidade de muitos deles. A propria coreografia, que era a parte mais interessante do bailado, se vê pelas figurações descritas, que não formam manejos especificos e obrigatorios, mas apenas outras tantas maneiras de mover o grupo, inventadas ad hoc, pelo ensaiador do rancho; e que podem se combinar e desenvolver ao infinito, com as figurações duma Quadrilha. Ressalvado algum possivel engano, em que não creio mas que pode ter se dado nas condições precarias do recolhedor, tomei bastante cuidado no descrever pormenorizadamente os manejos que vão aqui. Isso porquê me pareceu que no *Moçambique*, pobre de texto e de música, se dava um cuidado muito particular em desenvolver o manejo coreografico. E com efeito, pelo que

JAZZ RURAL

já tenho observado de dansas-dramaticas brasileiras, estou que, como coreografia, não êstes dansarinos, mas êste bailado de Santa Izabel, é mais desenvolvido e mais rico que as dansas-dramaticas nordestinas. No Nordeste encontrei bailarinos de admiravel virtuosidade pessoal, não porêm tamanha variedade e pesquisa de figurações coreograficas, a não ser nos *Cabocolinhos*. E mesmo êstes não possuíam um passo especifico, enquanto o Moçambique apresenta um passo caracteristico, de grande originalidade, que jamais não vi descrito. É o que vale mais, de tudo o que recolhi.

E quando, terminadas as dansas numa casa, o rancho vai pelas ruas, vai sem dansa, em passo humano, mas usando como dobrado de marcha, a variante melodica que está na dansa nº 6. Com o texto seguinte:

Solo: — A bandêra na rua...
Côro: — É siná di guerra!

O que será provavelmente reminiscencia dos Congados...

Mario de Andrade
São Paulo, Junho-de 1933

ENSAIOS

Mário de Andrade, Moçambique e a Santa Cruz

ENRIQUE MENEZES

Nos idos da década de 1840, um alemão chamado Carl Philipp von Martius advertia que quem quisesse escrever sobre a história do Brasil deveria considerar "elementos de natureza muito diversa, tendo para a formação do homem convergido de um modo particular três raças, a saber: a de cor de cobre ou americana, a branca ou caucasiana, e enfim a preta ou etiópica".[1] Desde então, a lista de intérpretes do Brasil que de alguma forma se referiram a essa narrativa de "formação" de um "homem" brasileiro vai longe, e poderíamos lembrar alguns desses *homens*: Capistrano de Abreu, Paulo Prado, Cornélio Pires, Sérgio Buarque de Holanda, Gilberto Freyre, Silvio Romero, entre tantos outros. Essa instrução também fez a cabeça de muito teórico da música brasileira, gerando uma série de interpretações, explicações e teorias da formação que se construíram sobre o famoso mito das três raças. O musicólogo Vasco Mariz

1. Martius, Karl Friedrich Philipp. *Como se deve escrever a História do Brasil.*

coloca de maneira clara na abertura de sua *História da Música no Brasil*: "três raças que concorreram para a eclosão do tipo brasileiro: a branca, a negra e a vermelha"[2].

Também havia feito a cabeça do poeta Olavo Bilac, que cantava em versos — hoje famosos — a versão desse "mito originário" na música nacional, ecoando um choro canônico, como a "flor amorosa de três raças tristes"[3]. O poeta canta nossa música como o encontro requebrado e impuro de "bárbara poracé", "banzo africano" e "soluços de trova portuguesa", resultado "cujos acordes são desejos e orfandades de selvagens, cativos e marujos", uma "lasciva dor, beijo de três saudades". O folclorista Luís da Câmara Cascudo também caprichou numa versão dessa narrativa:

a população de portugueses, índios e negros no Brasil foi marcada pela melancolia e tristeza decorrentes do afastamento de seu lugar de origem, contribuindo sobremaneira para a formação de uma música folclórica nacional. (...) Cada um devia cantar as canções de seu país. De todas elas amalgamadas e fundidas em um só molde — a língua portuguesa, a língua do vencedor — é que se formaram nos séculos seguintes os nossos cantos populares.[4]

É também como Cornélio Pires via a coisa, e em 1929 narrava em disco comercial uma versão caipira-paulista do mito para introduzir a "moda do peão" nas vozes da dupla Mariano e Caçula:

2. Mariz, Vasco. *História da música no Brasil*, pg. 25.

3. No poema "Música brasileira", publicada no livro *Tarde* [1919].

4. Cascudo, L. C. in Romero, S. "Prefácio" in *Folclore Brasileiro: Cantos Populares do Brasil*.

Moda de viola cantada por dois genuínos caipiras paulistas. Este é o canto popular do caipira paulista em que se percebe bem a tristeza do índio escravizado, a melancolia profunda do africano no cativeiro e a saudade enorme do português, saudoso da sua pátria distante. Criado, formado nesse meio nosso caipira, a sua música é sempre dolente, é sempre melancólica, é sempre terna. Eis a moda do peão.[5]

Em um texto datilografado (não assinado) que está no arquivo pessoal de Mário de Andrade, escrito em 1938 provavelmente pelo prefeito de Atibaia na época, João Batista Conti (com quem Mário trocava cartas e informações)[6], chamado "As congadas de Atibaia", podemos ler a resposta de um mestre congadeiro, Caetano Avelino da Silveira, o "mestre Caetano", de 87 anos, natural de Atibaia e filho de africanos, à pergunta feita pelo prefeito sobre a origem das congadas. A resposta transcrita é outra interessante versão paulista da narrativa:

Diziam os antigos, e é por conta deles porque eu não vi, que quando nasceu o menino Jesus na Terra Santa, havia três reis: um branco, um preto e um caboclo. Os reis branco, querendo lográ o preto disserum que para ver o menino Jesus era perciso dá uma volta muito grande e ensinaram um caminho errado, pro preto ficar logrado. E assim forum os três vê o Senhor Menino. Mais o preto pegô o caminho errado. Quando os branco chegaram na cocheira onde tava o Menino Jesuis derum com o preto já na frente do menino Jesuis, que entonces o Senhor menino pegô

5. Mariano e Caçula, "Moda do Pião" [1929].
6. Conferir Valentini, Luísa. *Um laboratório de antropologia: o encontro entre Mário de Andrade, Dina Dreyfus e Claude Lévi-Strauss: 1935–1938.*

uma coroa, pois na cabeça do reis preto e disse: 'Vassuncê é o dos Congos'. Foi entonces que o preto foi chamá uma porção de negros e vierum dançá na frente do Menino, daí, em diante ficô a congada. E é por isso que os reis da Congada leva a coroa na cabeça, branco num pode.[7]

Mário de Andrade é mais um dos muitos *homens* que compraram a prazo essa narrativa — ainda hoje bastante presente — e que aparece em diversos momentos da sua criação e reflexão. Em 1928 marcava seu clássico *Macunaíma*, aparecendo também, no mesmo ano, no seu *Ensaio sobre a música brasileira*, aí com uma medida: "a ameríndia em porcentagem pequena; a africana em porcentagem bem maior; a portuguesa em porcentagem vasta"[8]. Uma visita ao arquivo pessoal do escritor revela, em um sem-fim de pequenas anotações, que ele perseguiu durante toda a vida essa espécie de proporcionalidade de influências entre o que ele chama de três diferentes "raças".

Os dois textos de Mário de Andrade aqui revisitados e republicados[9] são interessantes para se observar as maneiras pelas quais o escritor pensa a narrativa das três raças de um modo específico, a começar pelo fato de se tratar de registros feitos no interior do estado de São Paulo. O estudo das manifestações culturais paulistas segue uma pulsação de trajetos que era comum para a população paulistana. O

7. "As congadas de Atibaia", Arquivo Mário de Andrade, IEB-USP.
8. Andrade, Mário de. *Ensaio sobre música brasileira*, [1928] pg. 20.
9. Esses textos foram editados por Oneyda Alvarenga e publicados em *Danças dramáticas do Brasil 3º tomo* (Itatiaia, 1982) e *As melodias do boi e outras peças* (Duas Cidades, 1987).

movimento em direção a celebrações religiosas que envolviam atos dramáticos, festas, danças e outras modalidades de performance se motivava tanto pela devoção quanto pela beleza e pela convivência familiar e pública que proporcionavam. E é no que se chamavam, à época, os arredores de São Paulo, e nos territórios onde a estagnação econômica deixava à mostra as marcas da ainda recente explosão cafeeira e da mobilização da mão-de-obra escravizada, que os interessados na contribuição histórica de indígenas e africanos encontravam as paisagens que lhes pareciam mais reveladoras[10]. Esses dois textos de Mário deixam claro que esse sentido de revelação tem, para esta geração, o sentido de uma viagem no tempo (no fim da vida o escritor lembra seus "passeios constantes ao passado paulista, Sorocaba, Parnaíba, Itú..."[11]) — efeito então muito disseminado, e que só começa a sofrer uma crítica sistemática a partir de meados do século xx. O sentimento específico que acompanha esse modo de pensar as marcas históricas numa paisagem cuja transformação — e esquecimento — parece iminente, é esmiuçado em melancólica ironia pelo próprio Mário no texto sobre a dança de Santa Cruz, na qual ele reconhece "um rescaldo tão vivo ainda de indiada (...) chegava a assombrar".

Em nossos dias, as presenças negras e indígenas em São Paulo se reivindicam, se manifestam e se fazem reconhecer

10. Ver Valentini, Luísa. "Nos 'arredores' e na 'capital': as pesquisas da Sociedade de Etnografia e Folclore (1937–1939)".

11. Andrade, Mário de. "O movimento modernista", *Aspectos da Literatura brasileira*, p. 241.

JAZZ RURAL

como vivas e ativas (em vez de "rescaldos"), o que faz com que soe estranha a ideia de "sobrevivência" por meio da qual já se pensou essas manifestações. Hoje se reconhece o quanto é ofensivo tratar como mortas ou quase-mortas as expressões mantidas belas e ativas por tantas gerações cantantes, dançantes, louvantes e brincantes. Sempre vale lembrar que ideias frequentemente enunciadas por Mário, como a de "perda" e a de "empobrecimento", cuja figuração evoca por contraste um passado cheio e idealizado, nos dizem de um contexto em que projetos violentos como os de embranquecimento e até de eugenia eram correntes e abertos, atravessando e orientando as ciências, o Estado e a educação.[12]

Hoje nosso escritor teria acesso a dados muito mais precisos, e levaria um susto enorme ao acessar a base de dados colaborativa internacional *slavevoyages.org* e descobrir que, até o final do processo colonial, teriam desembarcado no Brasil algo em torno de 4,8 milhões de africanos, cerca de sete vezes mais do que os 750 mil portugueses que ficaram por aqui. Estima-se ainda, no século XVI, a presença de 2,43 milhões de índios no que é hoje o território brasileiro, número que, como se sabe, foi diminuindo brutalmente ao longo do tempo.[13] Além disso, entre os africanos chegados,

12. Isso certamente tem algo a nos ensinar, especialmente num momento em que os próprios praticantes de manifestações tradicionais reativam as ideias de perda e desaparecimento para falar dos riscos e agressões cotidianamente enfrentados, e que são motivados por paradigmas cujos efeitos destrutivos eles conhecem bem.

13. Esses números foram reunidos por Alencastro no texto "África: números do tráfico atlântico", baseado no Slave Trade Database (para

aproximadamente três quartos deles (3,6 milhões) haviam saído de portos na África central. Nos portos do sudeste em particular, os africanos centrais desembarcados chegam a mais de 95%.

E é mesmo para a direção dos dados atuais que apontam esses textos de Mário. Ao visitar festas populares, o escritor nota alguma presença indígena na dança de Santa Cruz, em Carapicuíba, e muita presença negra no moçambique (de Santa Isabel e Mogi das Cruzes), na congada (de Mogi, Lindóia, Atibaia e Lambari), no samba rural, no choro urbano, na "música de feitiçaria", entre outros. Se olharmos para seu conjunto de textos sobre música popular brasileira em geral, encontraremos muita tinta sobre características que o escritor suspeita derivarem da presença cultural africana no Brasil, o que leva o musicólogo Tiago de Oliveira Pinto a anotar uma importante diferença entre a abordagem de Mário e a de pesquisadores alemães que no início do século XX visitavam o Brasil curiosos em relação à "música autêntica" do país:

Mário de Andrade não conseguia entender por que os musicólogos alemães consideravam a música indígena como "autêntica música brasileira". Em carta de 22 de junho de 1928, faz a seguinte

africanos desembarcados no Brasil), em John Hemming (para indígenas, no livro *The red gold*) e em suas próprias pesquisas para portugueses. Em Schwarcz, Lilia e Gomes, Flávio dos Santos (Orgs.). *Dicionário da escravidão e liberdade: 50 textos críticos*, 2018. É claro que precisamos considerar que a mortalidade indígena aumenta muito, enquanto o número de africanos desembarcados cresce durante todo o período colonial, e o de imigrantes europeus cresce muito após a extinção do tráfico de africanos.

JAZZ RURAL

proposta a [Marius] Schneider: "Lamento não poder fornecer mais do que algumas informações incompletas sobre a bibliografia musical dos índios do Brasil. Meu campo de pesquisa é bastante diferente, é limitado ao folclore e incluo uma monografia em que considero a influência dos negros da África no samba afro-brasileiro".[14]

A monografia anexada à carta era o texto "Samba Rural Paulista", no qual o escritor elenca diversos pontos de contato entre o samba rural de São Paulo e práticas africanas que ele conhece em livros de, entre outros, Eric V. Hornbostel, Natalie C. Burlin, André Gide, Arthur Ramos, Manoel Quirino, Maud C. Hare e Stephen Chauvet. Ainda que muitos textos de Mário tenham formulações datadas e "construções unanimistas" de África (uma "falácia metonímica" bastante frequente na qual a parte [uma região ou característica] passa a representar a totalidade [a "África"][15]), o trecho ilumina o pesquisador interessado que, marcando uma diferença em relação à inclinação "indianista" dos pesquisadores alemães, começa a perceber que a história cultural africana é um forte fundamento da música brasileira — e americana em geral. Em uma análise sobre as relações entre práticas musicais brasileiras e africanas, Oliveira Pinto afirma de modo categórico:

14. Oliveira Pinto e Ribeiro. "The ideia of modernismo brasileiro". A carta de Mário é, na verdade, de 1938, visto que o texto "Samba Rural Paulista" é de 1937.

15. Prática criticada, entre outros, pelo filósofo Paulin Hountondji e mencionada pelo musicólogo Kofi Agawu em *The african imagination on music*.

64

MÁRIO DE ANDRADE, MOÇAMBIQUE...

Mário de Andrade (...) foi pioneiro no entendimento da importância da história cultural africana no Brasil e na América através de suas expressões musicais.[16]

Esse pioneirismo em relação à presença negra nas expressões musicais brasileiras impressiona se tivermos em mente que o ambiente no qual Mário buscava se inserir era dominado por ricaços que cultivavam abertamente ideias racistas, de supremacia branca e estratégias de embranquecimento da população. Leia-se como exemplo o editorial do jornal *O Estado de São Paulo*, assinado por Júlio de Mesquita Filho, a 15 de Novembro de 1925, aniversário da proclamação da república:

Promulgado o decreto de 13 de maio, entrou a circular no sistema arterial do nosso organismo político a massa impura e formidável de 2 milhões de negros, subitamente investidos das prerrogativas constitucionais. A esse afluxo repentino de toxinas, provocado pela subversão total do metabolismo político e econômico do país, haveria necessariamente de suceder grande transformação na consciência nacional que, de alerta e cheia de ardor cívico, passou a apresentar, quase sem transição, os mais alarmantes sintomas de decadência moral.[17]

O mau gosto das formulações racistas em metáforas médicas e biológicas — já nem pasmamos mais — são do dono de um influente jornal que, junto à elite intelectual paulista, fundaria a Universidade de São Paulo. Ainda que

16. Oliveira Pinto, Tiago de. "Crossed Rhythms: African Structures, Brazilian Practices, and Afro-Brazilian Meanings" p. 167.
17. "A crise nacional", O Estado de São Paulo, 15/11/1925.

JAZZ RURAL

circulasse nesse meio, Mário de Andrade encontrava mais interlocução no pensamento de intelectuais como, entre outros, Arthur Ramos e Roger Bastide, que partilhavam o interesse pela história cultural africana no Brasil. Bastide, ao enviar para Mário um exemplar do livro de sua autoria, *Éléments de sociologie religieuse*, escreve em dedicatória: "Ao grande romancista e africanista brasileiro Mário de Andrade"[18]. O professor francês reconhecia assim o esforço do escritor brasileiro em contribuir para o debate sobre as presenças africanas nas Américas, que crescia também no Brasil durante as décadas de 1920/30.

Caberia supor que Mário de Andrade tenha tido essa sensibilidade por ter ele mesmo ascendência negra? Oswald de Andrade, ao conhecê-lo ainda como estudante do Conservatório Dramático Musical, descreve-o como "um aluno alto, mulato, de dentuça aberta e de óculos"[19], e seu biógrafo Eduardo Jardim esclarece que "seus traços mulatos tinham a ver com as duas avós, Ana Francisca, do lado materno, e Manoela Augusta, do paterno".[20] O próprio escritor afirma ter sido alvo do "possível insulto (...) — Negro!", atrelado ao que chamou de uma "cor duvidosa", embora, em um poema[21], afirmasse:

---

18. A relação de Mário com os estudos africanistas, a partir dessa dedicatória, é analisada por Ligia Fonseca Ferreira em "Mário de Andrade, africanista", em Andrade, Mário, *Aspectos do folclore brasileiro*.

19. Andrade, Oswald de. *Um Homem sem profissão*, p.105.

20. Jardim, Eduardo. *Eu sou trezentos: vida e obra.*

21. Transcrito também em Camargo, Oswaldo de. *Negro Drama Ao Redor da Cor Duvidosa de Mário de Andrade.*

De certo que essas cores também tecem minha
[roupa arlequinal,
Mas eu não me sinto negro, mas eu não me
[sinto vermelho,
Me sinto só branco, (...) só branco em minha
[alma crivada de raças!

Dado o contexto no qual Mário circulava, Oswald caprichava no *bullying* caso realmente tenha feito circular um artigo no qual chama o amigo de "boneca de piche", unindo aqueles que se tornariam os principais tabus de sua biografia[22]. Nunca mais retomariam a amizade. Não que a ascendência negra fosse o motivo da briga pois, ainda amigos, brincavam com isso em viagem a Minas Gerais. Como levantou seu biógrafo, o grupo de amigos modernistas registrava assim seus nomes no Hotel Macedo, em São João Del Rei:

Dona Olívia Guedes Penteado, solteira, photographer, anglaise, London. Dona Tarsila do Amaral, solteira, dentista, americana, Chicago. Dr. René Thiollier, casado, pianista, russo, Rio. Blaise Cendrars, solteiro, violinista, allemand, Berlin. Mário de Andrade,

---

22. "Dizem que há um artigo de Oswald, terrível, chamado Boneca de Piche, em que ele diz que no Mário de Andrade conviviam um mulato, um padre, um hipócrita, uma coisa assim, não me lembro bem como é, mas era uma coisa altamente ofensiva, e que isto foi lido pelo Mário à saída de um jantar que ele tivera com o Oswald. Mas essas coisas eu jamais consegui apurar." Depoimento de Mário da Silva Brito em Lopez, Telê Porto Ancona (Org.). *Eu sou trezentos, eu sou trezentos e cincoenta: Mário de Andrade visto pelos seus contemporâneos*, p. 121–132.

solteiro, fazendeiro, negro, Bahia. Oswald de Andrade Filho, solteiro, escrittore, suisso, Berne. Oswald de Andrade, viúvo, escolar, hollandez, Rotterdam.

A hipótese biográfica talvez possa contribuir para a possibilidade de que Mário pudesse sentir na pele a desqualificação da ideologia corrente no meio paulista, que entendia o negro como uma raça diferente da euro-americana (e pior)[23]. Em seus últimos dias como diretor do Departamento de Cultura de São Paulo, antes de ser demitido, Mário prepara uma conferência para o Cinquentenário da Abolição da Escravatura, realizado em 1938. Baseada em outros textos e estudos seus (em particular "A superstição da cor preta" e "Linha de cor"), o escritor afirma na conferência que o preconceito contra o negro derivava de uma "superstição primária e analfabeta de que a cor branca simboliza o Bem e a negra simboliza o Mal (...) se o branco renega o negro e o insulta, é por simples e primária superstição."[24] Embora o próprio escritor recaia por vezes em uma ideologia racialista, seus textos sobre racismo e "superstição da cor preta" apontam, por outro lado, para uma diferenciação que não é "natural", ("não se trata de uma questão antropológica, nem da estupidez de um Gobineau ou de um ariano"[25]) mas cultural, o que implica também uma outra perspectiva para a musicologia.

23. Ligia Fonseca Ferreira, no artigo citado, acredita que a ascendência negra está entre as razões do escritor para ter se inserido em uma rede de estudos africanistas. Cf. "Mário de Andrade, africanista", p. 198.

24. Andrade, Mário de. "Cinquentenário da abolição", em *Aspectos do folclore brasileiro.*

25. Idem.

Bem dimensionado o grande número de africanos chegados no Brasil durante o período escravista e sua participação na música brasileira, talvez possamos identificar — na medida das nossas possibilidades — esse nexo nos textos de Mário, visto que em seu entendimento das danças paulistas, canto, movimento e devoção não estão separados, mas são imediatamente conectados no corpo dançante/musical/enfeitado/devoto (nexo que também pode ressoar em tradições indígenas). A tentativa de desmembrar os termos acabaria com a festa. Nesse sentido, sua abordagem se sofistica ao direcionar uma apreciação que considera contextos maiores e suas diversas dimensões, onde o musical é também imediatamente gestual, corpóreo, religioso e pedagógico, entre tantas coisas. No moçambique, o nome do "gênero musical" é também a dança e a nação diaspórica; a festa reforça fundamentos comunitários, incorporativos, que coordenam e afirmam a união, um caminho diverso daquele europeu, individualizado, virtuosístico e autoral.[26] Oliveira Pinto chama a atenção, ainda, que para Mário de Andrade

o estudo musicológico só poderia ser entendido adequadamente em conexão com outros domínios culturais, como a linguagem, a literatura, jogos e peças dramáticas, arte visual e o contexto sociocultural em constante mudança no Novo Mundo.[27]

26. Características da imaginação africana, entre outros, em Kofi Agawu e diferenças entre concepções europeias e africanas de indivíduo e grupo em Joseph Miller, "Restauração, reinvenção e recordação: recuperando identidades sob a escravização na África e face à escravidão no Brasil".

27. Oliveira Pinto, Tiago de. "Crossed Rhythms: African Structures, Brazilian Practices, and Afro-Brazilian Meanings", p. 167.

JAZZ RURAL

A contribuição dessa perspectiva é valiosa por incorporar, de modo orgânico à música, sua conexão com os outros domínios culturais — nesses textos sobre música paulista em especial, a conexão com a dança, o movimento, o corpo — se aproximando de modo mais apropriado à realidade das manifestações musicais brasileiras. Nelas, a narrativa musical está muitas vezes multiplicada pelo espaço gestual e pela dimensão festiva. Mário cria assim uma outra camada de compreensão, que se afasta do caminho euro-cristão de uma "música absoluta" (que privilegia a audição e tende a separar a música de sua relação com o corpo).

Essa perspectiva guarda em si longo desenvolvimento: a possibilidade de projetar a expressão musical pelo prisma do corpo. No caso das presenças negras no Brasil, um corpo situado historicamente: na travessia forçada através do Atlântico o africano escravizado não podia levar nada consigo a não ser seu próprio corpo. Daí que esse corpo seja uma espécie de objetivo e limite mesmo do escravismo no Brasil: frente à arbitrariedade da escravidão e à tendência à dispersão de vínculos que acarreta, o corpo forçado ao trabalho carrega também a continuidade impossível de ser apagada: a expressão cultural através de uma certa qualidade de movimentos, ideias e, para o pesadelo do senhor de escravos, a possibilidade de revolta e fuga. Esses movimentos, ideias e possibilidades vão ser expressos e re-equacionados na realidade possível do "novo mundo".

Os próprios termos portugueses "música" e "dança" podem, de certo modo, ser relativizados se entendidos do ponto de vista das manifestações culturais brasileiras e sua episteme negra, visto que grande parte das línguas africanas tradicionais não têm uma palavra que corresponda suficientemente a "música" e "dança", no modo europeu de entendê-las. De uma perspectiva africana, os termos seriam "especializados" demais. Kofi Agawu lembra, como exemplo, que "entre os tswana e os botswana, cantar e dançar são virtualmente considerados sinônimos"[28], e ainda, ser comum que nomes de instrumentos sejam os mesmos de gêneros musicais e danças.

É possível então "abrirmos" o texto de Mário nas próprias camadas que propõe, e nos aprofundarmos em algumas direções que de fato restam pouco exploradas nessas anotações de campo. Em relação aos instrumentos musicais, por exemplo, no texto sobre o moçambique de Santa Isabel poderíamos olhar mais de perto para o "Pernanguma, ou Prananguma", ou ainda Patangome, entre outras variantes, instrumento feito normalmente de lata ou calotas de carro soldadas, que é tocado balançando-se de um lado para o outro, e que o escritor nunca tinha visto. Dá uma descrição em seu Dicionário Musical Brasileiro: "instrumento de percussão que conheci em Sta Isabel (São Paulo), composto duma lata chata, duns trinta centímetros de diâmetro com chumbos dentro, e duas alças externas em que o tocador segura para sacolejar o instrumento. Produz um chiado idêntico ao do ganzá, mais forte porém"[29]. Também os "con-

---

28. Agawu, Kofi. *The Afican imagination on music.*
29. Andrade, Mário. *Dicionário Musical Brasileiro*, p. 394.

guinhos" são descritos nas anotações sobre o moçambique apenas como "um pequeno caracaxá de lata", preso à perna dos músicos/dançarinos.

Caso alguém busque ultrapassar essas definições sumárias e suas classificações de tipo dicionaresco, pode encontrar pistas do rico universo que aqueles instrumentos expressam e no qual estão inseridos. Os próprios nomes apontam com insistência para a carga semântica, cultural e histórica que carregam: moçambique, conguinho, patangome e caracaxá — cultura centro-africana re-equacionada no sudeste. *Moçambique* e *Congo*, nomes de países africanos e de nações diaspóricas no Brasil; *caracaxá* que, segundo Valente de Matos e Nei Lopes, é como o povo chirima (subgrupo dos macuas de Moçambique), chama um de seus chocalhos, sendo uma palavra especificamente africana oriental;[30] *patangome, prananguma* ou *pernanguma*, termos derivados do polissêmico -ngoma, palavra falada por diversos povos da região central da África, variando significados entre tambor, dança, "dança de base comunal", um certo ritual ou mesmo uma dança específica — algo que pulsa, que organiza uma pulsação compartilhada.[31]

O pesquisador Antonio José do Espírito Santo, mais recentemente, fez brilhantes formulações nesse sentido ao apontar o possível parentesco entre o patangome brasileiro e o "chocalho de junco Chiquitsi, exclusivo das regiões mo-

30. Lopes, Nei. *Enciclopédia brasileira da diáspora africana* e *Novo Dicionário Banto do Brasil*.
31. Kubik, Gerhard. *Theory of African Music*, Vol. 2, p. 9.

çambicanas do Inhambane, Maputo, Gaza, Niassa"[32]. O pesquisador afirma: "sempre intuí ser o Chiquitsi o ancestral lógico do Patangoma (nome kimbundo-umbundo) dos ternos de moçambique tradicionais atuais de Minas Gerais, apesar da forma diferente". Dessa intuição, apresenta como "prova cabal" um desenho de François-Renè Moreaux que retrata no Rio de Janeiro do século XIX um "misterioso grupo de africanos, seguramente composto — pasmem — por moçambicanos recém chegados, numa época determinada entre 1840/1860"[33]. Edward Alpers afirma que o tráfico de escravizados partidos de portos da África oriental "explica a presença de uma dança folclórica chamada 'moçambique', intimamente associada ao Dia de São Benedito (1524–89, beatificado em 1763), em São Paulo, onde parece ter surgido, depois se difundindo para Goiás, Minas Gerais, Rio de Janeiro, Mato Grosso e Rio Grande do Sul"[34]. Desse ponto de vista, tanto o pantangome (prananguma) quanto o gunga (conguinhos, ou paiá) são expressões da imaginação centro-africana, re-equacionada nas possibilidades materiais e tecnologias locais. São instrumentos que pulsam um certo universo semântico-cultural, presente no corpo e na mente daqueles que foram forçados a atravessar o Atlântico.

32. Espírito Santo, Antonio José do. " '...Candombe, Candombe vamo viajá!..Êh Angoma!' Les Danses de Négres du Brésil et sa mimésis", artigo disponível em: *https://spiritosanto.wordpress.com*, acesso em 23/08/2019.

33. Idem.

34. Alpers, Edward. "Africano orientais". *Dicionário da escravidão e liberdade*, p. 91.

JAZZ RURAL

Mitchell Strumpf[35] afirma que o nome "Chiquitsi" é a variante usada em Moçambique, "nas províncias do sul e kaembe em vários distritos de Tete" de um instrumento descrito como uma caixa retangular estreita feita de junco e recheada com pequenas sementes. Segundo o pesquisador, algumas variações e diferentes nomes para o mesmo instrumento são comuns em diversas áreas da África Oriental e Central: "no Malawi, eles aparecem em áreas onde há danças de homens". Outra variante é o *chisekese*,[36] instrumento/dança que Gerhard Kubik também encontra na África oriental:

Chocalhos de junco eram conhecidos em Nyasaland (Malawi) antes do surgimento desse gênero específico de dança. São amplamente distribuídos na África Oriental, em Uganda (Trowell e Waschsmann, 1953) e na Tanzânia (cf. as fotografias de Thomas Maler de uma cerimônia de cura entre os Digo no Distrito de Tanga (Simon 1982). (...) Na construção do instrumento, vários caules são firmemente unidos e trançados em torno de três varetas transversais, cada uma com cerca de um centímetro de espessura, de qualquer tipo de madeira. O espaço oco é então preenchido com pequenos grãos (...) Em uma performance de dança *visekese*, as mulheres sentam-se com os chocalhos formando um círculo. O chocalho é tocado balançando-o de lado em um movimento direita-esquerda, de uma mão para a outra, com as duas mãos segurando firmemente, exceto as pontas dos polegares, que ficam

35. Strumpf, Mitchell. "Some music traditions of Malawi".

36. Instrumento tocado por mulheres Tumbuka, que é também o nome da dança e da celebração realizada durante a estação seca, na qual diferentes grupos competem entre si e incluem até funções de partidos políticos.

livres para tocar a superfície do instrumento, alternadamente. A organização do padrão tocado é um ritmo cruzado, combinando um padrão binário (balanço lateral) com um ternário (tocado pelo polegar).[37]

Em outro estudo, Kubik busca uma descrição mais ligada ao modo africano de conceber esse instrumento, localizando a classificação organológica segundo seus criadores. Dá crédito a Paul van Thiel como pesquisador ocidental pioneiro em relatar a taxonomia da produção sonora em língua Runyankore, falada em Uganda. Van Thiel informa que o verbo *okuteera,* que inclui "bater", "golpear", é usado para a maioria dos instrumentos, incluindo tambores, instrumentos de cordas e de sopro[38]; *okugambisa,* traduzido por "fazer alguma coisa cantar", é usado para chocalhos, exceto um: o *rugaaniira,* um chocalho de junco balançado de um lado para o outro, cujo verbo de performance é *okushungura,* peneirar. Van Thiel afirma que "a performance é intimamente relacionada a movimentos de alguém que peneira". Kubik anota a correspondência desse verbo no campo da produção sonora com *okukuba* em Luganda, *kupiga* em Kiswahili e *kuhunga,* em línguas do leste de Angola. Para esses pesquisadores, entre povos da África central a ação de peneirar — e o verbo que a descreve — se tornou a referência para

---

37. Kubik, Gerhard. *Jazz Transatlantic, Volume I: The African Undercurrent in Twentieth-Century Jazz Culture.*

38. Em diversas línguas bantu, instrumentos são "batidos", "golpeados" ou "cantados". No Brasil podemos reconhecer em termos como "bater um zabumba", "bater um pandeiro". Conferir também Kubik, Gerhard, "The emics of african music".

JAZZ RURAL

a performance desse tipo de chocalho, que no Brasil foi reconfigurado com os nomes de patangome, prananguma, pernanguma etc. Sua performance está conectada ao movimento corporal, à ação de peneirar e sua ligação ao trabalho, à alimentação e à fertilidade.

Antonio José do Espírito Santo aponta, ainda no desenho de Moreaux, que os músicos "usam também chocalhos roliços, cilíndricos, nas pernas, exatamente como os grupos de moçambiques de MG mais tradicionais usam até hoje (paiás)"[39]. São os "conguinhos" anotados por Mário de Andrade ao acompanhar o moçambique. Mário, entretanto, parece não ter notado a relação entre os conguinhos e os "gungas", mesmo tendo preparado um verbete sobre o termo para seu *Dicionário Musical Brasileiro*, dando inclusive como origem a palavra *ngunga*, "sino no dialeto ambundo (Angola)".[40] Nesse caso, o nexo também está pouco desenvolvido, visto que os "conguinhos", ou gungas, parecem ter papel central no argumento do texto de Mário. No modo como o instrumento é concebido, o gesto dançante e a produção sonora musical não se diferenciam, são imediatamente conexos. Como escreveu Glaura Lucas, "as gungas representam a fusão do som e da dança"[41]. A pesquisadora lembra um trecho de fala do Capitão Mário Brás da Luz (transcrito por Núbia Gomes e Edmilson Pereira):

39. Espírito Santo, Antonio José. " '...Candombe, Candombe vamo viajá!..Êh Angoma!' Les Danses de Négres du Brésil et sa mimésis". Nei Lopes localiza a origem de "paia" no umbundo, com sentido de "pedalar".
40. Andrade, Mário de. *Dicionário Musical Brasileiro* p. 252.
41. Lucas, Glaura. "Os sons do Rosário" p. 92.

No tempo dos antigo, da escravidão, nós tinha que usá uns chocaio nas perna, pra num fugi. Porque se fugisse, baruiava os chucaio e os feitô pegava nós. E ia prum tal de tronco, apanhá. Agora as gunga é por causa disso, pra num esquecê. Mas é um baruio santo, igual dos sinin da igreja na hora de comungá.[42]

Nessa fala, de beleza triste e complexa, diversos tempos, planos e dimensões estão presentes: a conexão de um certo som com o movimento, sua absurda apropriação violenta pela realidade escravista brasileira,[43] o timbre das gungas como rememoração dessa violência e estratégia de evitá-la, significando ao mesmo tempo algo sagrado, de fé comunitária católica, a presença de um catolicismo popular, negro. São algumas das várias transformações do *ngunga* no Brasil, o sino de ferro, de importância multi-milenar na cultura africana. Para arqueólogos,[44] a presença do ferro e de sinos musicais em escavações realizadas na África revela importantes questões tecnológicas, militares e políticas: identificam uma "idade do ferro", a possibilidade de domínio da metalurgia por povos que portanto sabiam forjar e soldar chapas, produzir instrumentos para o desenvolvi-

42. Gomes, Núbia, Pereira, Edmilson. *Negras raízes mineiras: os Arturos.*

43. Machado de Assis descreve algo desses instrumentos na terrível abertura de seu conto "Pai contra Mãe": o ferro ao pescoço, o ferro ao pé e a máscara de folha-de-flandres: "O ferro ao pescoço era aplicado aos escravos fujões. Imaginai uma coleira grossa, com haste grossa também à direita ou à esquerda, até ao alto da cabeça e fechada atrás com chave. Pesava, naturalmente, mas era menos castigo que sinal. Escravo que fugia assim, onde quer que andasse, mostrava um reincidente, e com pouco era pegado".

44. Vansina, Jan. "The bells of the Kings".

mento da agricultura e armamentos para a guerra. Sinos e seus sons de ferro eram usados, por exemplo, no antigo reino do Kongo para sinalização entre unidades do exército; entre os Mbuun os sinos só podiam pertencer a guerreiros; entre os temidos guerreiros Jagas, da África central, o sino de ferro *lunga* é também um instrumento militar e sua principal insígnia, sem o qual não podem ser Jagas (segundo o missionário Giovanni Cavazzi, os lunga dos Jaga eram forjados com sangue humano, e os guerreiros acreditavam que esses instrumentos possuíam, "quando tocados em batalha (dizem eles), uma grande capacidade de torná-los corajosos e invencíveis"). Sinos de ferro soavam em rituais fúnebres de reis, no elogio de chefes, para fazer música, para enviar mensagens "melódicas" (assim como os tambores falantes).

Cécile Fromont[45] lembra que ter a tecnologia de fundir ferro era um atributo dos nobres e característica das elites, sendo um poderoso *topos* na África Central em geral. Descreve o sino de ferro como um instrumento real e militar, localizando em diversas fontes históricas o forte vínculo existente entre ferro e poder, derivado de associações mitológicas, sendo o ferro capaz de facilitar a conexão com forças metafísicas e religiosas. Além de forjar, o ferreiro poderia exercer funções curativas, rituais e judiciais mediadas pelo ferro. Lembra a história de Lukeni, que "além de ser um guerreiro talentoso, tornou-se 'um ferreiro sagaz e astuto'. (...) As imagens do rei ferreiro e do rei conquistador

45. Fromont, Cécile. *The art of conversion: Christian visual culture in the Kingdom of Kongo.*

funcionavam juntas como dois aspectos complementares do poder real: conciliação e força".[46] Também Angola Mussuri, o "primeiro rei do Ndongo", é descrito pelo missionário Cavazzi forjando armas e ferramentas, e Ogum, o fundador de Ifé, é o orixá ferreiro, senhor do ferro, da guerra e da agricultura. Os sinos de ferro estão entre os instrumentos atribuídos à África tradicional, ao contrário de instrumentos considerados de origem estrangeira como xilofones, violinos de uma corda e tambores em forma de ampulheta.

Outra dimensão da fala do Capitão Mário Brás da Luz é o som do sino no contexto cristão e local, um "baruio santo, igual dos sinin da igreja na hora de comungá": o timbre do sino e toda a sua significação africana milenar está mesclado a temas do cristianismo. Embora muitos discursos apontem para a cooptação do africano pela igreja cristã ("a instituição mais potente para erodir, diluir e destruir simbolicamente muitas práticas tradicionais africanas"[47]), diversos estudos recentes (como o de Fromont) descrevem a formação de um "cristianismo Kongo" na África central nos idos do século xv, a partir do contato continuado com os portugueses. Nesse momento "o cristianismo entrou no reino político, social e religioso do reino do Congo, a pedido de seus próprios governantes, sem coerção estrangeira, e estabeleceu-se uma relação duradoura entre europeus e africanos centrais sem colonização". Nesse interessante "espaço de correlação", conjuntos diferentes de ideias metafísicas,

46. Idem.
47. Agawu, Kofi. *The Afican imagination on music.*

formas plásticas e sistemas políticos coincidiram, convergiram e se sobrepuseram, gerando dinâmicas de mescla entre dispositivos poderosos de história e culturas diferentes. A cruz é descrita por Fromont como elemento fundamental no processo de redefinição de tradições religiosas centro-africanas e euro-cristãs em solo africano, que convergem e passam a gerar formas comuns. Em ambas as tradições a cruz simboliza a passagem entre a vida e a morte — no sacrifício/ressurreição de cristo e no ciclo de vida e morte representado no cosmograma congo.[48] É essa coincidência fundamental que permitiu uma fluidez entre histórias religiosas diversas em símbolos únicos. Quando os portugueses chegaram na África central com suas cruzes, elas não eram estranhas aos que ali habitavam e puderam, pelo contrário, ser interpretadas através de crenças metafísicas já existentes:

A cruz permitiu que europeus e africanos centrais distinguissem e reconhecessem concepções compartilhadas sobre forças sobrenaturais invisíveis, crenças comuns na possibilidade de se comunicar com o outro mundo e uma compreensão mútua da imanência. Como um espaço de correlação, a cruz expressou uma nova cosmovisão em que ideias locais e estrangeiras, velhas e novas se encontraram e se misturaram.

Se a cruz simboliza um ponto no qual o mundo terreno se conecta ao metafísico — vida e morte, visível e invisível, aqui e além — sua exaltação pode responder tanto a reli-

48. Para o cosmograma congo, conferir, entre outros, Fu-Kiau Bunseki, Robert Farris Thompson e Wyatt MacGaffey.

giosidades tradicionais europeias quanto centro-africanas: entre crucifixos, encruzilhadas e pontos riscados. Mário anota a letra de um canto do Moçambique: "Chegai, pecador contriste/ Pra bejá a Santa Crúiz!". Poderia a Santa Cruz das danças paulistas, em Carapicuíba e Santa Isabel, carregar também esse sentido religioso ambíguo?

Na direção das ambiguidades cruzadas, além das referências diretas à cruz cristã, há em moçambiques e congadas do sudeste uma estrutura musical particularmente ligada à imaginação musical africana: o *cross-rhythm*, ou "ritmo cruzado" (mencionado por Kubik em sua descrição do *visekese*, na combinação de padrões binários e ternários, o que alguns músicos também chamam de 'três contra dois"'). Mário de Andrade descreve essa estrutura em uma coreografia do moçambique de Santa Isabel, a "mais numerosamente repetida", que também

é a mais dificil por contradizer muito o movimento natural do compasso binario. Se observará, com efeito, que o dansarino executa um manejo que exige tres tempos inteiros pra se completar — o que faz com que só depois de tres repetições da melodia completa, isto é, só depois de 24 compassos, êle se encontre no movimento coreografico-melodico inicial! (...) Assim, em vez dum número par de tempos de compasso, foram necessarios tres tempos.

Essa estrutura cruzada, de três contra dois, tem presença forte e disseminada em culturas musicais africanas. A inteligência desse tipo de estrutura (por vezes chamada de "polirrítmica" ou "polifônica") envolve, para David Locke, uma qualidade perceptiva e cognitiva plural: a capacidade de pensar em 2 e 3 "ao mesmo tempo". Exprime uma qualidade social

capaz de gerar uma experiência afetiva transformadora no conhecimento dos ouvintes. Esse estilo musical pode reforçar uma visão de mundo que aceita o paradoxo — por exemplo, que uma singularidade pode ser uma pluralidade — e encontra unidade em aparentes oposições — por exemplo, entre o visível e o invisível, ou a equivalência de dois e três.[49]

Nesse caminho, a estrutura musical cruzada, característica do contexto música/dança participativa, é comum em diversas tradições africanas de artes performáticas "nas quais a música é coerente em diferentes perspectivas auditivas e cinestésicas, ao mesmo tempo". A estrutura musical construída com componentes cruzados, na qual a percepção do tempo e do espaço é multifacetada, convida o ouvinte a participar ativamente da música através da possibilidade de perceber as diferentes métricas que formam o todo.

Será possível que o moçambique e a dança de Santa Cruz tenham também, em terras brasileiras, esse tipo de identidade cruzada? Em que medida as práticas musicais do interior de São Paulo expressam concepções de tempo, história, estruturas da linguagem, princípios polifônicos, timbrísticos, performáticos, discursivos e complementares que pulsam de imaginações africanas, europeias e indíge-

49. Locke, David. "Simultaneous multidimensionality in african music: musical cubism".

nas? Lasciva dor, beijo de três saudades: onde elas se amalgamam, onde se repelem?

BIBLIOGRAFIA

AGAWU, Kofi. *The African imagination in music.* Oxford University Press, 2016.

ANDRADE, Mário de. *Ensaio sobre música brasileira.* [1928] 4ª Edição, Itatiaia, 2006.

_____. *Danças dramáticas do Brasil 3º tomo* Itatiaia, 1982.

_____. *As melodias do boi e outras peças,* Duas Cidades, 1987.

_____. *Aspectos da Literatura brasileira,* Martins, 1974.

_____. *Aspectos do folclore brasileiro,* Angela Teodoro Grillo (org.), Global, 2019.

_____. *Dicionário Musical Brasileiro,* Itatiaia 1999.

ANDRADE, Oswald de. *Um homem sem profissão. Memórias e confissões. Sob as ordens de mamãe.* Obras Completas vol. 9, Civilização brasileira, 1976.

BYRD, Steven. *Calunga and the Legacy of an African Language in Brazil.* University of Mexico Press, 2012.

CAMARGO, Oswaldo de. *Negro Drama Ao Redor da Cor Duvidosa de Mário de Andrade,* Ciclo Contínuo Editorial, 2018.

ESPÍRITO SANTO, Antonio José do. "...Candombe, Candombe vamo viajá!..Êh Angoma!" Les Danses de Négres du Brésil et sa mimésis", disponível em: *https://spiritosanto.wordpress.com*

FROMONT, Cécile. *The art of conversion: Christian visual culture in the Kingdom of Kongo.* UNC Press Books, 2014.

GOMES, Núbia Pereira de Magalhães; PEREIRA, Edimilson de Almeida. *Negras raízes mineiras. Os Arturos.* MinC/EDUFJF, 1988.

JARDIM, Eduardo. *Eu sou trezentos: vida e obra,* Edições de Janeiro, 2015.

JAZZ RURAL

KUBIK, Gerhard. *Theory of African music*. University of Chicago Press, 2010.

_____. *Jazz Transatlantic, Volume I: The African Undercurrent in Twentieth-Century Jazz Culture*. Univ. Press of Mississippi, 2017.

_____. "The Emics of African Musical Rhythm", in Cross Rhythms 2, ed. Daniel Avorgbedor and Kwesi Yankah, Bloomington, In: Trickster Press, 1985.

LOCKE, David. "Simultaneous multidimensionality in african music: musical cubism", *African Music*, vol. 8, no. 3, 2009.

LOPES, Nei. *Enciclopédia brasileira da diáspora africana*. Selo Negro Edições, 2014.

_____. *Novo dicionário banto do Brasil: contendo mais de 250 propostas etimológicas acolhidas pelo Dicionário Houaiss*. Pallas Editora, 2003.

LUCAS, Glaura. *Os sons do rosário: o congado mineiro dos Arturos e Jatobá*. Vol. 86. Editora UFMG, 2002.

MARTIUS, Karl Friedrich Philipp. "Como se deve escrever a História do Brasil" [1845], *Revista do Instituto Histórico e Geográfico Brasileiro*, v. 6 n° 24.

MARIANOe CAÇULA. "Moda do Pião", disco Columbia 20.007-B, 1929.

MARIZ, Vasco. *História da música no Brasil*. Nova Fronteira, 2005

MILLER, Joseph. "Restauração, reinvenção e recordação: recuperando identidades sob a escravização na África e face à escravidão no Brasil", *Revista de História* 164, 2011.

OLIVEIRA PINTO, Tiago de; RIBEIRO, Maria Izabel Brano. *The ideia of modernismo brasileiro*. Münster, Hamburg, Belin, London: LIT Verlag, 2006.

_____. Oliveira Pinto, Tiago de. "Crossed Rhythms: African Structures, Brazilian Practices, and Afro-Brazilian Meanings." *AfricAmericas. Itineraries, Dialogues, and Sounds*. Madrid-Frankfurt am Main: Iberoamericana/Vervuert, 2008.

ROMERO, Sílvio. *Folclore brasileiro*. J. Olympio, 1954.

SCHWARCZ, Lilia e GOMES, Flávio dos Santos (Orgs.). *Dicionário da escravidão e liberdade: 50 textos críticos.* São Paulo: Companhia das Letras, 2018.

STRUMPF, Mitchell. "Some music traditions of Malawi", *African Music: Journal of the International Library of African Music* 7.4, 1999.

LOPEZ, Telê Porto Ancona (Org.). *Eu sou trezentos, eu sou trezentos e cincoenta: Mário de Andrade visto pelos seus contemporâneos.* Rio de Janeiro: Agir, 2008.

VALENTINI, Luísa. *Um laboratório de antropologia: o encontro entre Mário de Andrade, Dina Dreyfus e Claude Lévi-Strauss: 1935–1938.* Alameda, 2013.

_____. "Nos 'arredores' e na 'capital': as pesquisas da Sociedade de Etnografia e Folclore (1937–1939)". Revista *Ponto Urbe*, n. 5, 2009.

VANSINA, Jan. "The bells of kings." *The Journal of African History*, v. 10 n° 2, 1969.

Paulicéia desordenada
Modernismo e poder

CARLOS PIRES

ENRIQUE MENEZES

> Essa cidade que brotou súbita e inexplicavelmente,
> como um colossal cogumelo depois da chuva.
>
> NICOLAU SEVCENKO, *Orfeu Extático na Metrópole*

No início do século xx, São Paulo crescia em um processo de urbanização acelerado e caótico, dado em linhas gerais pelo fim do escravismo, pela ausência de estratégias de integração social dos ex-escravizados, pelas disputas especulativas internacionais ligadas ao crescimento da economia do café e por afluxos gigantescos de imigrantes europeus. Dentro da roda-viva internacional, o estado de São Paulo havia ficado com as paisagens monótonas e intermináveis de monocultura extensiva de *commodities* destinadas ao mercado externo. Como uma espécie de efeito colateral, a capital paulista se torna um enigmático e desordenado ponto de encontro entre gente muito diversa: caipiras que deixavam suas roças em busca de vida nova; negros ex-escravizados e seus descendentes buscando se integrar à cidade e resistir ao racismo, à discriminação e à violência policial; imigrantes pobres de diversos países que chegavam aos montes entre 1880 e 1927[1] com promessas vagas de uma vida melhor, encontrando jornadas de trabalho desumanas a salários ínfimos (o salário mínimo só apareceu em 1940, e não era uma beleza). "A São Paulo moderna nasce de um motim dos fatos contra qualquer ética da prudência ou do bem-estar"[2].

Como resultado, os novos ritmos de crescimento da futura megalópole levaram uma massa imensa de empobrecidos de várias partes do mundo a se amontoar numa cidade com um projeto urbano precário para integrá-los. Cidade governada por poucas famílias podres de ricas de barões do café, cujas fortunas enormes resultavam (resultam?), via de regra, da acumulação de capital gerado por trabalho forçado e semi-forçado daqueles que se aglomeravam desordenadamente por um espaço problemático, de vocação escravista, agrária e de grande latifúndio.

O contexto artístico não poderia deixar de estar ligado a essa situação, e uma diferença clara se colocava (se coloca?) entre a imensa quantidade de manifestações culturais produzidas por aquela gente desfavorecida pelo processo

1. Havia também, claro, um movimento contrário, de êxodo, mas em menor escala. Entre 1900 e 1920 por exemplo, saíram do estado 19.933 pessoas, ao passo que entraram 374.250. Entre 1920 e 1940 entraram 697.276. Cf. Graham, Douglas, Hollanda, Sérgio Buarque de. *Migrações internas no Brasil 1872–1970*.

2. Sevcenko, Nicolau. *Orfeu extático na metrópole: São Paulo, sociedade e cultura nos frementes anos 20*, p. 41.

econômico, no interior e na capital — produção intimamente vinculada ao cotidiano, às festas, ao trabalho, à diversão, ao lamento, à brincadeira, aos desafios, às datas religiosas, às vezes sem motivo, e cuja expressão/estruturação coletiva transpassa e relativiza a ideia de autoria — e aquela produzida em muito menor quantidade por artistas "individualizados" urbanos com pretensões cosmopolitas, ou que desejavam se inserir no debate artístico internacional.

MODERNISTAS ENTRE TRABALHADORES E RICAÇOS

Numa certa altura, alguns desses artistas e intelectuais paulistanos "individualizados", ainda que não deixassem de mirar o debate internacional (Paris em particular), passaram também a olhar para a situação brasileira buscando travar contato com seu "outro" social — que nesse caso não era o estrangeiro, mas seu conterrâneo. Iniciaram uma tentativa de costurar algum sentido social integrado entre os diversos pedaços resultantes da aventura um tanto irresponsável que era a São Paulo daquele momento[3]. Esses intelectuais-artistas auto-intitulados modernos, respondendo àquela roda-viva internacional, se propuseram a modelar esse estranho "tecido" paulista, que formaria uma colcha arlequinal com retalhos de "cultura popular", trabalhador pobre, elite cafeeira, imigrante, ex-escravizado, Jean Cocteau, negro, identidade nacional, poder, indígena, entre outros.

3. Cf. Andrade, Mário de. "O movimento modernista", *Aspectos da literatura brasileira.*

JAZZ RURAL

Surge assim uma colaboração entre modernistas e poderosos, que acenaram com pequenas cifras das fortunas multi-seculares acumuladas por algumas famílias tradicionais para viabilizar "viagens" em direção à massa imensa de trabalhadores desfavorecidos. Nesse processo, algumas dessas famílias, muitas vezes nucleadas por antigos proprietários de escravos, passaram a considerar o "povo" como elemento importante na constituição de uma identidade nacional mais "moderna", ou na costura dessa comunidade imaginada[4] que se estabelecia naquele momento. Nesse contexto de negociação ambígua entre uma vergonhosa tradição escravista e a vontade de um presente moderno, parte dessa elite passou a bancar aventuras da colaboração entre intelectuais, artistas "individualizados" e povo. Pontos de contato surgiram entre essas camadas tradicionalmente separadas da sociedade paulista.

Mas qual foi a ligação entre a produção modernista e seus mecenas? E, por outro lado, qual a ligação dos modernistas com, digamos, as festas populares ou as produções artísticas de sentido coletivo? Complexas, como se pode imaginar. Se for verdade que a arte moderna europeia (na qual os paulistas se inspiravam) havia se constituído como crítica das instituições burguesas estabelecidas e da racionalidade instrumental — através do sonho, do *nonsense*, do choque, do africanismo, do susto, da sexualidade etc.; — nossos modernistas, em sua aliança ambígua com o poder,

4. Cf. Anderson, B. *Comunidades imaginadas: reflexões sobre a origem e a difusão do nacionalismo.*

flertavam com o complicado jogo da modernização conservadora brasileira. No fim das contas, a primeira geração modernista de São Paulo abraçou a vontade contraditória de ser ao mesmo tempo revolucionária, crítica dos costumes tradicionais e aliada à burguesia paulista (conservadora e reacionária). Na formulação de Antonio Candido, "uma vanguarda político-cultural à sombra de uma situação oligárquica"[5]. Enquanto as vanguardas europeias — causa de escândalo e indignação — eram excluídas dos salões de arte oficiais, os modernistas brasileiros eram convidados assíduos das casas da elite paulistana.

Podemos notar algo dessas contradições ao refletir brevemente sobre dois espaços (sua arquitetura, mobiliário e obras) pertencentes a membros da elite cafeeira paulista que fomentaram as artes no início do século xx.

Na primeira imagem, um espaço da residência do principal patrono das artes de São Paulo das primeiras décadas, o mecenas (político do Partido Republicano Paulista e poeta simbolista que escrevia seus versos em francês) senador Freitas Valle. Nas reuniões que aconteciam nesse espaço da sua residência, conhecida como Villa Kyrial, Valle ocupa o assento mais alto central na foto e no espaço, o famoso trono de Nero, como era conhecido.[6] Na foto, pode-se notar as paredes preenchidas pelas vertentes artísticas da época cultivadas pelo mecenas e por uma arquitetura e decoração emblemáticas da *Belle Époque* paulistana:

5. Candido, Antonio. "Prefácio", em Duarte, Paulo. *Mário de Andrade por ele mesmo.*
6. Cf. Sérgio Miceli, *Nacional estrangeiro*, p. 63.

Figura 1. Salão nobre da Villa Kyrial. Freitas Valle. 1916.

Já na década de 1920, alguns modernistas começaram a receber as regalias de Freitas Valle, antes exclusivas aos artistas mais tradicionais, ou mais próximos ao seu gosto. Entre essas regalias estava a bolsa do Pensionato Artístico do Estado de São Paulo para estudo no exterior, o que aponta para a lenta e particular transformação da dinâmica cultural da cidade e do país, dinâmica que passa pela possibilidade de constituir uma trajetória de formação dos artistas enviando-os para estudos nos grandes centros culturais internacionais. Victor Brecheret foi o primeiro "modernista" a recebê-la em 1921 e Anita Malfatti a segunda, em 1923. A fotografia abaixo, do começo da década de 1920, mostra o modernista Mário de Andrade em uma reunião na Villa Kyrial:

Figura 2. Recepção ao escritor Elysio de Carvalho na Villa Kyrial, Freitas Valle (3º à esquerda) e Mário de Andrade (1º à direita). Início da década de 1920.

Esse encontro aconteceu em um reduto da "arte acadêmica"[7]. Mário de Andrade vai comentar que "foi da proteção desses salões que se alastrou pelo Brasil o espírito destruidor do movimento modernista."[8] O contraponto "moderno" à Villa Kyrial, indicativo da nova dicção importada de Paris,

---

7. Isso do ponto de vista do modernismo que se tornou hegemônico nas décadas seguintes e que não dá conta de uma complexidade artística de época que não se acomodava tão facilmente na oposição entre arte acadêmica *versus* arte moderna.

8. Andrade, Mário de. "O movimento modernista", p. 240.

e também paulistano, é o Pavilhão que Dona Olívia Guedes Penteado (conhecida como a "baronesa do café") construiu para encontros semanais com os modernistas.

Mário de Andrade coloca entre as suas "maiores venturas admirar essa mulher excepcional que foi Dona Olívia Guedes Penteado. A sua discreção, o tato e a autoridade prodigiosos com que ela soube dirigir, manter, corrigir essa multidão heterogênea que se chegava a ela, atraída pelo seu prestígio, artistas, políticos, ricaços, cabotinos, foi incomparável."[9] Gilda de Mello e Souza, que estabeleceu a comparação entre esses dois espaços[10], não deixa, entretanto, de pontuar o ritmo contraditório dessas transformações "modernizantes" que aconteciam em São Paulo e o esgarçamento resultante daquela tentativa de costura entre "retalhos" tão diversos:

Um detalhe, no entanto, demonstra que a conquista da modernidade ainda era recente e delicada, e que apesar de sua liberalidade a dona da casa continuava impondo aos novos amigos o código severo de seu mundo: o pavilhão fora construído no jardim, mantendo-se, por conseguinte, cautelosamente segregado do corpo da residência, e como recebia em dias precisos — sempre nas terças-feiras — excluía-os de um contato eventual com seus frequentadores costumeiros. Aliás, o tom das reuniões não era ditado, propriamente, pela presença dos modernistas, mas pela personalidade de D. Olívia, cuja autoridade todos acatavam com respeito. O salão acabava sendo, assim, mais importante para ela que para os convidados, pois lhe permitia, sem grande risco,

9. Ibidem, p. 239, 240.
10. Mello e Souza, Gilda de. *A ideia e o figurado*, p. 104–106.

brincar de vanguarda em seus jardins, como Maria Antonieta brincara de pastora no Petit Trianon.[11]

MÁRIO DE ANDRADE, MODERNISMO E POLÍTICA

Nessa toada, a década de 1920 era marcada também pela atuação intensa desse jovem alto, corpulento e de sorriso largo que se tornou uma figura central do movimento modernista: Mário de Andrade. O escritor procurava participar da vida da cidade, frequentando os diversos espaços em que aconteciam os salões da época, eventos artísticos, concertos musicais, óperas e toda sorte de eventos culturais que a cidade, em acelerada expansão, oferecia. Parte de São Paulo — a esse tempo ainda muito menor e mais provinciana do que a atual metrópole gigantesca — assistia, entre descrente e risonha, às ações desse modernista paulistano que andava interessado em forçar dimensões criativas e caminhos impensados na realidade cotidiana. Na famigerada Semana de 1922, Mário de Andrade leu alguns versos de *Pauliceia desvairada*, livro de poemas que seria lançado meses depois e que possui uma mistura irreverente de correntes artísticas modernas — surrealismo, futurismo, dadaísmo — e soluções teóricas inusitadas no famoso "Prefácio interessantíssimo". Posição que o autor modula em suas obras seguintes, do estilo coloquial dos poemas de *Losango cáqui* à carga etnográfica de *Clã do Jabuti*, livros que prenunciam o choque de *Macunaíma*, em 1928, obra central da literatura brasileira, que costura, em uma prosa literária original, o principal da

11. Ibidem, p. 106–107.

JAZZ RURAL

reflexão estética do autor. Ainda nesse mesmo ano de 1928, aconteceria, dentro da sua vocação de polígrafo, a publicação do *Ensaio sobre a música brasileira*, hoje um clássico da musicologia nacional e orientador de tantas realizações musicais posteriores.

O espírito modernista dos anos 20, que causava espanto e risadas (o próprio Mário conta que não conseguia parar de gargalhar na exposição da pintora Anita Malfatti em 1917), já na virada para os anos 30 "se alastra pelo país e transforma em estado de espírito coletivo o que era pensamento de poucos; em realidade atuante o que era plano ideal; em gosto habitual o que parecia aberração de alguns". Nesse momento, Mário começa a considerar mais seriamente que o trabalho do movimento modernista — ainda fragmentado em direções estéticas e políticas divergentes na década de 1920 — poderia se desdobrar também em novas possibilidades nos planos político e social.

É possível acompanhar essa inflexão política no seu discurso em uma crônica publicada no jornal *Diário Nacional* em 17 de novembro de 1929, na qual afirma que a fundação (em 1926) do Partido Democrático decorria do "movimento de renovação brasileira, aberto faz mais ou menos dez anos."[12] A medida dessa década de "renovação" parece incluir eventos como, entre outros, o fim da 1ª guerra mundial, a exposição de Anita Malfatti de 1917, a Semana de Arte Moderna, a Exposição Internacional do Centenário da Independência, a greve geral de 1917, a Revolução Russa, a

12. Andrade, Mário de. *Táxi e crônicas do Diário Nacional*, p. 159.

PAULICÉIA DESORDENADA

fundação do Partido Comunista e, de maneira muito mais imediata para a fundação do Partido Democrático, a Revolução de julho de 1924 que "confirmou [...] o atraso político das elites"[13].

O Partido Democrático havia surgido para fazer oposição ao acordo oligárquico conhecido como "República do café-com-leite" e, portanto, ao PRP (Partido Republicano Paulista). Apoiou, então, alguns anos depois, a chapa encabeçada por Getúlio Vargas contra o candidato paulista da situação, Júlio Prestes. Como se sabe, o partido da situação venceu o pleito, mas não durou, acusado de fraude eleitoral. A tomada do poder por Vargas em 1930 marcou, nesse processo, o início da assim chamada "Nova República". Os acordos estabelecidos de então se desestruturavam, e o novo governo passou a imprimir novos ritmos aos discursos de efetivação dos valores democráticos e seguridade social, refletidos, entre outras coisas, na criação dos novos Ministérios do Trabalho, Indústria e Comércio e o Ministério da Educação e Saúde. No âmbito da reforma que estava sendo promovida por essas novas políticas, Mário de Andrade e Luciano Gallet chegam a preparar já em 1931 um Projeto de

13. Martins, José de Souza. *São Paulo no século xx*, p. 81. "Em São Paulo, o Partido Republicano Paulista estava dividido havia muito tempo. Os dissidentes já haviam sido colocados sob suspeita de conspiração com os revoltosos da Revolução de 1924, coisa que nunca ficou clara. Da dissidência, acabaria surgindo o Partido Democrático, que apoiou a Revolução de 1930".

Reforma da Organização Didática do Instituto Nacional de Música.[14]

Mas em pouco tempo surgiriam divergências entre os paulistas e o governo provisório. A nomeação do tenente pernambucano João Alberto Lins de Barros como interventor em São Paulo causou a fúria dos democráticos, que tinham esperanças de assumir o governo estadual. O chefe de polícia e democrático Vicente Rao, por exemplo, seria tirado apenas quarenta dias depois de assumir, acusado pelo governo de atuação "pautada por certo espírito de partidarismo que o tornava incompatível com o cargo". Junto com ele sairiam outros membros do partido como Paulo Duarte e Carlos Morais de Andrade, o primeiro, amigo próximo, e o segundo, irmão de Mário de Andrade. As animosidades cresciam, e a oposição dos democráticos ao governo provisório levou à criação da Frente Única Paulista, que agora unia os então adversários (democráticos e republicanos) em favor da autonomia de São Paulo, visando tomar o governo provisório de Vargas. Em 23 de maio de 1932 (data que virou nome de avenida), o país assistia a uma grande manifestação organizada pelo movimento paulista, cujo confronto com os tenentistas resultou em mortos e feridos. Pouco tempo depois, em 9 de julho de 1932 (outro nome de avenida), tem início a chamada Revolução Constitucionalista, na qual os paulistas tentam assumir o controle do governo.

14. *Reforma do Instituto Nacional de Música (1931)*. Série Manuscritos, caixa 122, Arquivo Mário de Andrade, IEB/USP.

Uma guerra civil violenta se desenvolve por meses, terminando com a derrota de São Paulo.

O armistício assinado entre revoltosos paulistas e o governo Vargas inclui a nomeação para interventor em São Paulo, em agosto de 1933, do "civil e paulista" Armando de Salles Oliveira, importante empresário, além de cunhado de Júlio de Mesquita Filho, diretor do jornal *O Estado de São Paulo*. Promulgada a Constituição de 1934 e negociada uma anistia aos revoltosos de 1932, Salles Oliveira elege-se, agora por meio da Assembleia constituinte, governador em abril de 1935.

Membros ligados ao Partido Democrático vão compondo o governo de Salles Oliveira, entre eles alguns ligados ao movimento modernista. Ainda em 1934, o então interventor nomeava como prefeito da cidade de São Paulo o vereador Fábio da Silva Prado, sobrinho do conselheiro Antônio Prado, primeiro prefeito da cidade, que governara por 12 anos. Fábio Prado era casado com Renata Crespi, filha de Rodolfo Crespi, um dos mais importantes empresários do país ao lado de, e concorrendo com, Francesco Matarazzo[15]. O prefeito recém-nomeado, Fábio Prado, escolheu como seu chefe de gabinete Paulo Duarte, antigo redator-chefe do *Estado de São Paulo* que havia participado com Júlio de Mesquita Filho da criação e organização da Universidade de São Paulo.

15. Ambos imigrantes que fizeram carreira no Brasil e ganharam do governo italiano o título de conde.

JAZZ RURAL

Paulo Duarte tinha larga trajetória de atuação política, tendo participado da campanha de Rui Barbosa para presidente em 1919, da revolta tenentista de 1924, da fundação do Partido Democrático em 1926, da redação do *Diário Nacional* e, também, da caravana de Vargas e de sua ida a São Paulo em 1930. Como muitos democráticos, passa a fazer oposição ao governo, e em 1931 participa da fundação da Liga de Defesa Paulista, defendendo o rompimento do Partido Democrático com o governo provisório e ajudando a organizar o levante paulista de 1932. Com a derrota é exilado, mas volta na interventoria de Salles Oliveira, tornando-se, então, chefe de gabinete do prefeito Fábio Prado em 1934 e deputado na Assembléia Constituinte estadual em 1935. É ele quem propõe ao prefeito a criação de um Departamento de Cultura na cidade de São Paulo — projeto que havia sido sonhado em uma roda de amigos entre o final dos anos 1920 e o começo dos 1930[16].

O DEPARTAMENTO DE CULTURA

Elide Rugai Bastos já comentou que a criação de um Departamento de Cultura em São Paulo marca a "liberação de um modelo de mecenato característico da política oligárquica. O próprio rompimento político leva à transformação:

16. Essa roda de amigos acontecia em um apartamento na Av. São João que Paulo Duarte dividia com Nino Gallo e contava com, além de outros eventuais, Mário de Andrade, Antônio de Alcântara Machado, Tácito de Almeida, Sérgio Milliet, Antônio Carlos Couto de Barros, Henrique da Rocha Lima, Rubens Barbosa de Moraes e Randolfo Homem de Melo, muitos deles aproveitados em diferentes funções no Departamento.

o Estado será o novo mecenas"[17]. Paulo Duarte também descreve essa passagem em seu livro de memórias:

Mas cadê dinheiro? O nosso capital eram sonhos, mocidade e coragem. Havia quem conhecesse uns homens ricos de São Paulo, mas o homem rico não dá dinheiro pra essas loucuras. Quando muito deixa para a Santa Casa. Caridade espiritual, jamais. Que testamento pinchou legado para uma universidade ou para uma biblioteca? A nossa gente ainda está no paleolítico da caridade física. À vista de tantos argumentos, ficou decidido que um dia seríamos governo. Só para fazer tudo aquilo com dinheiro do governo.[18]

O projeto do Departamento foi apresentado ao prefeito por Paulo Duarte tendo como exigência que o cargo de diretor fosse ocupado por aquele mesmo modernista e amigo próximo do solicitante, Mário de Andrade. Exigência que foi atendida em acordo com o governador Salles Oliveira, este também vinculado ao Partido Democrático e amigo íntimo de Paulo Duarte, "velha amizade" que se estabeleceu "na luta e no exílio"[19]. O projeto desse grupo de amigos é interpretado por alguns analistas como

parte de uma ideia hegemônica, por meio do qual o estado de São Paulo, depois da derrota da Revolução de 1932, conseguiria, na visão dos que planejavam o Departamento de Cultura e as

---

17. Barbato Júnior, Roberto. *Missionários de uma utopia nacional-popular: os intelectuais e o Departamento de Cultura de São Paulo*, p. 13.

18. Duarte, Paulo. *Mário de Andrade por ele mesmo*, p. 50.

19. Cf. Raffaini, Patricia Tavares. *Esculpindo a cultura na forma Brasil: o Departamento de Cultura de São Paulo (1935–1938)*, p. 38.

JAZZ RURAL

recém-criadas faculdades, conquistar e transformar o resto do país através da cultura e da educação.[20]

Alguns historiadores e sociólogos pensam ter havido uma aposta reformista no âmbito educacional e cultural, como parte das políticas paulistas desde a prefeitura de Antônio da Silva Prado, que inclui a construção do Teatro Municipal (concluída em 1911), a organização do sistema educacional público feita na prefeitura de Washington Luís e a organização dos parques infantis realizada na gestão Anhaia Mello, que seguiam as bases de um projeto que Fernando Azevedo apresentou para a prefeitura em 1923. No governo de Armando de Salles Oliveira fora construído um prédio para a Biblioteca Pública Municipal, unidades escolares de ensino primário e secundário, a Faculdade de Filosofia, que começava a formar professores para o ensino público, e a própria Universidade de São Paulo. Nessa linha de interpretação, parece ter havido um esforço paulista de fazer com que o *boom* econômico da passagem do século fosse acompanhado da criação de instituições culturais que dessem uma identidade paulista ao processo, gerando uma alternativa à hegemonia cultural da capital federal. Na opinião de Carlos Sandroni, "a questão cultural esteve intimamente ligada à possibilidade de resgatar o papel hegemônico de São Paulo dentro da federação".[21]

20. Ibidem, p. 35.
21. Sandroni, Carlos. *Mário contra macunaíma: cultura e política em Mário de Andrade*, p. 75.

PAULICÉIA DESORDENADA

Realizações da década de 30 como o Departamento de Cultura, a Escola Livre de Sociologia e Política e a Universidade de São Paulo teriam ganho impulso no contexto da reação paulista às sucessivas derrotas políticas. Isso se daria em boa medida por meio de uma recomposição da elite intelectual (e econômica) e da reabilitação do sentimento de amor próprio que tem como horizonte colocar São Paulo novamente em uma posição de destaque no país, como — para usar o jargão da época — a locomotiva da nação. A ideia descrita por Paulo Duarte era conduzir Armando de Salles Oliveira à presidência em 1938, tendo como carro-chefe uma plataforma forte de bem-estar social promovida por meio de instituições culturais que de fato funcionassem. O Departamento de Cultura foi pensado como etapa inicial e experimental desse projeto maior, que posteriormente seria aplicado como política nacional na forma de um "Instituto Brasileiro de Cultura":

Nós sabíamos que o Departamento [de Cultura] era o germe do Instituto Brasileiro de Cultura. Primeiro, um Instituto Paulista, que Armando Sales no governo já nos garantira. Para isso o projeto do Departamento do Patrimônio Histórico e Artístico de São Paulo lá estava na Assembléia Legislativa (...) Depois, com Armando Sales na Presidência da República, seria o Instituto Brasileiro, uma grande fundação libertada da influência política, com sede no Rio, inicialmente instalados, além do de S. Paulo, paradigma, outros núcleos em Minas, no Rio Grande do Sul, na Bahia, em Pernambuco e no Ceará. Tiveramos uma grande ideia que Armando Sales aprovou: os Institutos de Cultura assistiriam com assiduidade todas as grandes cidades, com a colaboração

JAZZ RURAL

da Universidade, porque, não comportando evidentemente essas cidades uma faculdade, teriam contato íntimo com esta, através de conferências, cursos, teatro, concertos etc."[22]

Instalado o Departamento de Cultura, esse sentimento de reconstrução do orgulho paulista é, de fato, perceptível na fala do então prefeito Fábio Prado:

O Departamento de Cultura não podia deixar de ser bem recebido no São Paulo novo, no São Paulo pós-revolução, onde as iniciativas culturais se desenvolvem com o vigor das lavras na terra roxa. A universidade, recém-criada, aí estava florescente dando-nos um ambiente ensolarado de cultura. (...) transfundindo para as veias bandeirantes o sangue novo da cultura europeia (...) a USP precisava ter institutos colaboradores de sua obra formidável.[23]

O discurso de seu primeiro diretor, Mário de Andrade, também parece estar afinado nesse tom:

Tudo é novo, e muito está apenas nascendo. São Paulo é uma cidade dum dia, mas já os seus caminhos vão e vêm. O Departamento de Cultura que tudo isto já está fazendo, com toda sua autonomia municipal, cresce e quer crescer como a flor, como o perfume irradiante doutra criação mais básica, a Universidade de São Paulo. E, sendo municipal, o Departamento de Cultura cresce e quer crescer, esculpido na forma do Brasil.[24]

22. Duarte, Paulo. *Mário de Andrade por ele mesmo*, p. 55.
23. Entrevista do prefeito Fábio Prado ao jornal O Estado de São Paulo, 1/03/1936. Republicada em Calil, Carlos Augusto e Penteado, Flávio Rodrigo. *Me esqueci completamente de mim, sou um departamento de cultura*, p. 66.
24. Revista da Arquivo Municipal, v.19 p. 272, 1936. Transcrito no cuidadoso estudo de Patricia Tavares Raffaini que tem o título elaborado a partir desse trecho: "Esculpindo a cultura na forma Brasil".

104

PAULICÉIA DESORDENADA

Para Antonio Candido, tratou-se de um momento iné-dito e radical: "não apenas a rotinização da cultura, mas a tentativa consciente de arrancá-la dos grupos privilegiados para transformá-la em fator de humanização da maioria, através de instituições planejadas". Candido continua:

Nas sociedades de extrema desigualdade, o esforço dos governos esclarecidos e dos homens de boa vontade tenta remediar na me-dida do possível a falta de oportunidades culturais. Nesse rumo, a obra mais impressionante que conheço no Brasil foi a de Mário de Andrade no breve período em que chefiou o Departamento de Cultura da cidade de São Paulo, de 1935 a 1938. Pela primeira vez entre nós viu-se uma organização da cultura com vista ao público mais amplo possível.[25]

A proposta do Departamento era, ainda que repleta de contradições[26], avançada para o país, à medida que conec-tava a cultura às suas interfaces de lazer, esporte, assistência social, turismo, meio ambiente, planejamento, entre tantas outras vocações, contando para sua viabilização com fabu-losos 10% do orçamento da prefeitura. Fundado por um ato municipal a 30 de maio de 1935, o Departamento de Cultura contou com as divisões de Expansão Cultural (chefiada por Mário de Andrade), Bibliotecas (Rubens Borba de Moraes), Educação e Recreios (Nicanor Miranda), Documentação His-

---

25. Candido, Antonio. "O direito à literatura", *Vários escritos*, p. 258.
26. Contradições ligadas a uma visão beletrista e elitista de cultura e à pouca consideração efetiva de uma cultura urbana que se formava com a participação dos imigrantes, que se tornaram parcela significativa da população. Para essas questões, conferir o já citado estudo central sobre o Departamento de Cultura feito por Patricia Tavares Raffaini.

tórica e Social (Sérgio Milliet). Viria projetar e conduzir coisas como, entre muitas, parques infantis que contavam com educadores sanitários, pediatras, nutricionistas, instrutores de jogos e professores; programas de distribuição de leite para crianças; bibliotecas infantis, circulantes e populares de bairro; um restaurante público dedicado a receitas brasileiras; concursos de composição musical, roteiros de teatro e decoração proletária (!); estudos da conformação urbana de São Paulo; pesquisas sociais e etnográficas para detectar problemas de alimentação, moradia e educação; mapas folclóricos para localização de danças e culturas típicas, entre tantas outras iniciativas pioneiras[27].

Depois das experiências modernistas mais radicais da década de 20, estava se consolidando, nos anos 30, uma dimensão mais construtiva, engajada na tentativa de integrar o esgarçado tecido social paulista e nacional, numa visada que buscou ao mesmo tempo formar um conjunto estável, e em boa medida problemático, das "coisas brasileiras". Ou ainda, na formulação de Mário: "é justo por esta data de 1930, que principia para a Inteligência brasileira uma fase mais calma, mais modesta e quotidiana, mais proletária, por assim dizer, de construção. À espera que um dia as outras formas sociais a imitem"[28]. Em entrevista ao jornal, já como diretor do Departamento de Cultura, o es-

27. Para uma descrição mais detalhada de todas essas atividades ver, entre outros, as publicações de Carlos Augusto Calil e Flávio Penteado (2015), Roberto Barbato Jr. (2004), Patricia Raffaini (2001), Carlos Sandroni (1988) e Flávia Toni (1984).

28. Andrade, Mário de. "O movimento modernista", *Aspectos da Literatura brasileira*, p. 242.

critor perguntava: "não será esse o mal maior do Brasil? Essa ausência de um "homem brasileiro", de um ser uno e coletivo que persista dentro de todos nós e seja nossa unidade nacional? O Departamento não pode ficar indiferente a esse problema capital."[29] Como solução, propunha "colher, colher cientificamente nossos costumes, nossas tradições populares, nossos caracteres raciais, esta deve ser a palavra de ordem dos nossos estudos etnográficos (...) enquanto o progresso e o internacionalismo não destroem os nossos costumes e as bases culturais da nossa gente"[30].

O processo de escolha e seleção que levaria à construção desse "ser uno e coletivo", ou essa tentativa de chegar a um "homem brasileiro" como um padrão de base para a organização das políticas culturais, não deixa de ser uma empreitada que aos ouvidos atuais, ao menos alguns, soa como algo um tanto restritivo, ou pouco plural, ainda mais se considerarmos a rica cultura urbana que se formava na cidade de São Paulo no atrito com os imigrantes. Isso, no entanto, permitiu que muitas manifestações culturais, principalmente de zonas rurais brasileiras, fossem registradas e documentadas.

É nesse contexto que a Divisão de Expansão Cultural projeta uma Discoteca Pública e uma Rádio-Escola. A ideia

29. *O Estado de S. Paulo*, 21 de fevereiro de 1936, p. 3. Republicado em Calil e Penteado, *Me esqueci completamente de mim, sou um departamento de cultura*, p. 65.

30. "Minuta da palestra de inauguração do Curso de Etnografia". [Mário de Andrade, 1936]. Transcrito em Cardim, Vera Lúcia. *Contribuições de Samuel Lowrie e Dina Lévi-Strauss ao Departamento de Cultura de São Paulo (1935–1938)*.

JAZZ RURAL

desses projetos sonoros ganha importância se lembrarmos que nesse início de século grande parte dos cidadãos brasileiros — e paulistas — não sabiam ler ou tinham leitura precária. Podemos acompanhar a luta pela instalação da Rádio-Escola e sua orientação em um ofício da Diretoria do Departamento, solicitando

A colocação definitiva, e não provisória, duma rede de alto-falantes, nos logradouros públicos da cidade. É justamente aos jardins que acodem as populações proletárias e de pequena burguesia, que dispõem de poucos meios para se divertir. É justamente a essas classes que a ação cultural da Rádio Escola terá de se dirigir com preferência, não só por serem as demais, passível de educação e sugestão, como por serem as menos providas de meios para se cultivar. Por todas estas razões, julga esta Diretoria, não só da maior utilidade, mas imprescindível à organização dum sistema irradiador público, que obrigue o povo a escutar a Rádio Escola, e permita ouvi-la aos que não têm rádios em casa[31].

Ao que parece, ao menos nesse momento, o discurso e o léxico do grupo de intelectuais do Departamento de Cultura se aproximava ao de uma social-democracia de tipo europeu, entendendo como uma das funções da política a de diminuir os estragos da roda-viva capitalista — cuja vocação é concentrar as riquezas e aumentar infinitamente a diferença entre pobres e ricos. Nicanor Miranda, por

31. Ofício de 17 de fevereiro de 1936, Processo 23937, reproduzido em Calil e Pacheco, p. 51. O diretor do Departamento de Cultura estava imerso em uma série de contradições e ambiguidades que marcavam seu lugar social, e a possibilidade de "levar cultura à população" é formulada em chave paternalista.

exemplo, chefe da divisão de Educação e Recreios, escrevia sobre como as ações de sua seção visavam a integração dos "adolescentes operários":

Não serão os adolescentes operários os homens de amanhã, que bem ou mal integrados na sociedade constituirão a massa de trabalhadores da nação? Porque não integrá-los bem, proporcionando-lhes quanto antes, os meios e os recursos para que venham a ser profissionais aptos, cidadãos nobres e dignos das suas funções na coletividade?[32]

Roberto Barbato Júnior diz que nesse momento o grupo de intelectuais buscou "organizar um amplo espectro de difusão cultural que minimizasse o aspecto de excludência imposto à população"[33]. Adeptos de algo como uma "esquerda moderada"[34], acreditaram que a política poderia cumprir a função de consertar os abismos sociais produzidos pela circulação do capital *sem precisar depor seus agentes acumuladores*, ou seja, sem depor a elite — sem desejar uma revolução. Em uma carta a Paulo Duarte, Mário de Andrade explica:

Num país como o nosso, em que a cultura infelizmente não é ainda uma necessidade quotidiana de ser, está se aguçando com violência dolorosa o contraste entre uma pequena elite que realmente se cultiva e um povo abichornado em seu rude corpo.

---

32. *Clube de menores operários*, separata da rev. Arq. Mun. 1938 vol. XLVIII, p. 81.

33. Barbato Júnior, Roberto. *Missionários de uma utopia nacional-popular: os intelectuais e o Departamento de Cultura de São Paulo*, p. 16.

34. A expressão é de Antonio Candido. "Prefácio", em Duarte, Paulo. *Mário de Andrade por ele mesmo*.

JAZZ RURAL

Há que forçar um maior entendimento mútuo, um maior nivelamento geral de cultura, que, sem destruir a elite, a torne mais acessível a todos, e em consequência lhe dê uma validade verdadeiramente funcional. Está claro, pois, que o nivelamento não poderá consistir em cortar o tope ensolarado das elites, mas em provocar com atividade o erguimento das partes que estão na sombra, pondo-as em condição de receber mais luz. Tarefa que compete aos governos.[35]

A DOR QUE VIVE AQUI

O desenrolar da década de 30 viria mostrar que a aposta naquele tipo de "esquerda moderada" não conseguiria operar nem o sonhado erguimento das partes que estavam na sombra e nem reduzir o contraste entre a elite e povo "abichornado"[36]. O golpe de Vargas e a instalação de uma ditadura em 1937 redundou na demissão de Mário de Andrade do Departamento de Cultura, e viria deixar mais ou menos claro que, como já dizia o mestre Machado de Assis — em alemão! —, o Brasil continuava em boa medida estando mais para eine absolute Oligarchie[37], e os valores democráticos e culturais se realizariam apenas na medida em que fossem necessários para manter uma certa oligarquia no po-

35. Duarte, Paulo. *Mário de Andrade por ele mesmo*, p. 152.
36. O próprio Mário modulará sua posição política, e na ópera inacabada "Café" o povo praticamente faz uma revolução comunista no palco.
37. Machado de Assis, crônica de 11 de maio de 1888: "Es dürfte leicht zu erweisen sein, dass Brasilien weniger eine konstitutionelle Monarchie als eine absolute Oligarchie ist" [Seria fácil provar que o Brasil é menos uma monarquia constitucional do que uma oligarquia absoluta].

der e uma parcela crescente do povo "abichornando-se". Em 1939, Mário escrevia o conto "Briga das pastoras", no qual o narrador (com um quê auto-referente) conta sua aventura "etnográfica" para assistir a um Pastoril:

Chegamos, e logo aquela gente pobre se arredou, dando lugar para os dois ricos. Num relance me arrependi de ter vindo. Era a coisa mais miserável, mais degradantemente desagradável que jamais vira em minha vida. Uma salinha pequeníssima, com as paredes arrimadas em mulheres e crianças que eram fantasmas de miséria, de onde fugia um calor de forno, com um cheiro repulsivo de sujeira e desgraça. Dessa desgraça horrível, humanamente desmoralizadora, de seres que nem sequer se imaginam desgraçados mais.[38]

O escritor descreve literariamente sua tristeza ao constatar que os performadores da cultura popular brasileira não haviam saído da sombra, seguiam abichornados, em ambiente repulsivo, miseráveis a ponto de brigar entre si por esmolas e roubar dinheiro colocado no presépio. Para Mário, um povo tão afastado das garantias sociais mínimas que vive em pânico, mendigando apoio paternal de qualquer "rico", imolando-se uns aos outros por esmola e se arrastando numa triste miséria financeira e moral.

Talvez a impressionante empreitada construtiva do Departamento de Cultura na gestão de Mário como seu diretor, entre 1935 e 1938, carregue algo de reativo — ou mesmo descompensado — em relação a esse deserto de instituições

38. Andrade, Mário de. "Briga das Pastoras", em *Obra Imatura*, p. 181, 182. Conto referido em palestra de Ivan Marques no Instituto CPFL Cultura no dia 23/11/2018.

JAZZ RURAL

culturais e de garantias sociais mínimas do Brasil. Algo de galicismo a berrar nos desertos da América. Talvez por isso, depois de passar por essa experiência, Mário tenha se lembrado de incluir no diário da viagem de 1927 (que fizera junto a Dona Olívia Guedes Penteado) uma carta endereçada a uma "amiga judia comunista francesa", Dina Dreyfus, que havia retornado à França depois de ter dado tantas contribuições ao Departamento de Cultura. Na carta, Mário escreve:

N'avez vous pas senti nos peurs américaines, et nos impossibles? [Não captou os nossos medos americanos e nossas impossibilidades?] O que é Hitler, Daladier, a impotência, a clarividência criminosa? Os vossos operários europeus? Eles não sofrem não, eles teorizam sobre o sofrimento. A dor, a imensa e sagrada dor do irreconciliável humano, sempre imaginei que ela viajara na primeira caravela de Colombo e vive aqui. Essa dor que não é de ser operário, que não é de ser intelectual, que independe de classes e de políticas, de aventureiros Hitlers e de covardes Chamberlains, a dor dos irreconciliáveis vive aqui.[39]

Para Mário, a dor do irreconciliável é específica, uma dor "sul-americana do indivíduo (...) de incapacidade realizadora do ser moral", diferente do lamento comunista, europeu, derivado do circuito estrito e racional do iluminismo. No Brasil, "nós é esta irresolução, esta incapacidade (...) uma dor permanente, a infelicidade do acaso pela frente". Aportadas com as caravelas de Colombo e colocadas para funcionar em chão diverso, as ideologias modernas euro-

39. Andrade, Mário de. *O Turista aprendiz*, p.174.

peias na América deslizavam (deslizam?), e nesse deslizar, como todo deslizamento, performam uma parcela de descontrole e irracionalidade. O espaço deslizante faz com que o conjunto de normas modernas se sustente com dificuldade, pisando em ovos, fazendo patinar as categorias tradicionais de autonomia, liberdade, direito ou justiça[40]. Para Mário de Andrade, essa dor, sul-americana, específica, brasileira, era outra em relação à dor europeia que sua amiga francesa sentia em sua luta por direitos, operária, revolucionária. A amiga comunista tinha atrás de si a experiência da Revolução Francesa, da Primavera dos Povos, da Comuna de Paris, da Revolução Russa. No Brasil de Mário, cheio de galicismos decorativos, os momentos de acumulação de conflitos de classe que poderiam ter levado à criação de mais igualdade e segurança social eram cortados por golpes e massacres daquela absolute oligarchie. Golpe da maioridade, golpe da República, massacre de Canudos, golpe do Estado Novo, 1964, Carandirú, Carajás... uma história que ainda preside nossos dias, e assombra. Os golpes se repetiam, e após o golpe de Vargas, Mário de Andrade, demitido, escrevia ao amigo que o indicara para o cargo de diretor:

Sacrifiquei por completo três anos de minha vida começada tarde, dirigindo o Departamento de Cultura. Digo *por completo* porque não consegui fazer a única coisa que, em minha consciência, justificaria o sacrifício: não consegui impor e normalizar o D. C. na vida paulistana. [...] Não me sinto propriamente triste com

40. Cf. Schwarz, Roberto. "As ideias fora do lugar", em *Ao vencedor as batatas*.

JAZZ RURAL

estas coisas, me sinto especialmente deserto. É uma vagueza, uma vacuidade monótona.[41]

BIBLIOGRAFIA

ANDERSON, Benedict. *Comunidades imaginadas: reflexões sobre a origem e a difusão do nacionalismo*. Companhia das Letras, 2008.

ANDRADE, Mário de. "O movimento modernista", *Aspectos da literatura brasileira*. Martins, 1974.

_____. *Táxi e crônicas do Diário Nacional*. Duas Cidades, 1976.

_____. "Briga das Pastoras", em *Obra Imatura*, Martins, 1980.

BARBATO JÚNIOR, Roberto. *Missionários de uma utopia nacional-popular: os intelectuais e o Departamento de Cultura de São Paulo*. Annablume, 2004.

CALIL, Carlos Augusto e PENTEADO, Flávio Rodrigo. *Me esqueci completamente de mim, sou um departamento de cultura*. Imprensa Oficial do Estado de São Paulo, 2015.

CANDIDO, Antonio. "Prefácio", em Duarte, Paulo. *Mário de Andrade por ele mesmo*. 2a ed. Hucitec, Secretaria Municipal de Cultura de São Paulo, 1985.

_____. "O direito à literatura", *Vários escritos*. 3ª ed.. revista e ampliada. Duas Cidades, 1995.

CARDIM, Vera Lúcia. *Contribuições de Samuel Lowrie e Dina Lévi-Strauss ao Departamento de Cultura de São Paulo (1935–1938)*, dissertação de Mestrado, PUC-SP, 2010.

GRAHAM, Douglas e HOLLANDA, Sérgio Buarque de. *Migrações internas no Brasil 1872–1970*, Instituto de Pesquisas Econômicas [Brasília] Conselho Nacional de Desenvolvimento Científico e Tecnológico, 1984.

41. Duarte, Paulo. *Mário de Andrade por ele mesmo*, p. 158–159.

PAULICÉIA DESORDENADA

MARTINS, José de Souza. *São Paulo no século XX*. Imprensa oficial do Estado de São Paulo, 2011.

MELLOe Souza, Gilda de. *A ideia e o figurado*. Duas Cidades/Editora 34, 2005.

MICELI, Sérgio. *Nacional estrangeiro*. Companhia das Letras, 2003.

PONTES, Heloísa. *Destinos Mistos*. Companhia das Letras, 1998.

RAFFAINI, Patricia Tavares. *Esculpindo a cultura na forma Brasil: o Departamento de Cultura de São Paulo (1935–1938)*. Humanitas FFLCH/USP, 2001.

SANDRONI, Carlos. *Mário contra macunaíma: cultura e política em Mário de Andrade*. Vértice/Iuperj, 1988.

SCHWARZ, Roberto. *Ao vencedor as batatas: forma literária e processo social nos inícios do romance brasileiro*. Editora 34, 2000.

SEVCENKO, Nicolau. *Orfeu extático na metrópole: São Paulo, sociedade e cultura nos frementes anos 20*. Companhia das Letras, 1992.

São Paulo fonografado

BIANCAMARIA BINAZZI

ENRIQUE MENEZES

A Discoteca Pública Municipal (hoje Discoteca Oneyda Alvarenga, no Centro Cultural São Paulo), justificava nessas palavras curiosas um pedido de verba pública para ser usada em 1937 em seu serviço de gravação de discos:

A discografia nacional, erudita e popular, é sumamente pobre. As casas gravadoras seguem naturalmente seus interesses comerciais e nada fazem, no domínio da música erudita, de artisticamente recomendável, e no domínio da música popular — de folcloristicamente sério. Nem se pode esperar que esse programa de trabalho das casas gravadoras seja melhorado enquanto o público mesmo não começar a exigir coisa melhor. (...) é natural que não se possa confiar às casas gravadoras o destino exclusivo de nossa música registrada.[1]

---

1. *Justificação da Verba para 1937 sobre gravação de discos.* São Paulo (município). Secretaria Municipal de Cultura. Centro Cultural São Paulo. Acervo Histórico Discoteca Oneyda Alvarenga. Fundo Discoteca Pública Municipal, pasta 1935 a 1939, não catalogado.

JAZZ RURAL

Fundada em 1936, como uma iniciativa do Departamento de Cultura de São Paulo, a Discoteca tentava criar uma outra via em relação aos interesses comerciais da então recente e lucrativa indústria fonográfica. Foi a primeira discoteca brasileira a inaugurar um serviço de gravação sonora etnográfica, além de registrar e lançar, em disco, a música de concerto de compositores paulistas. Aproximava assim as duas pontas fora da curva do novo mercado musical: a gravação de performances de música popular captadas em seus lugares originais e a música de concerto contemporânea.

Sob direção da poetisa e musicóloga Oneyda Alvarenga, a Discoteca amplificava o sonho admirável e problemático dos intelectuais do Departamento de Cultura de modelar uma identidade nacional a partir da cultura popular. Como uma biblioteca sonora, oferecia cabines para audição, promovia concertos de discos, congressos, concursos, publicações e estudos sobre a cultura musical brasileira. Ali, qualquer pessoa poderia (ainda pode) sentar numa cadeira confortável e ouvir uma coleção de discos, consultar partituras, livros, e assistir filmes etnográficos. Em tempos de internet, onde um sem-fim de coisas estão acessíveis *online* a dois cliques, a importância desse tipo de iniciativa pode parecer menor, mas façamos o esforço analógico de pensar que aquele era um tempo no qual ainda não havia o troca-troca furibundo das redes virtuais.

Quando escreve *Macunaíma*, por exemplo, Mário de Andrade não podia encomendar pela Amazon, e teve que tomar complicadas providências não-digitais para conseguir um exemplar do livro *Von Roraima zum Orinoco*, no qual o pesquisador alemão Theodor Koch-Grünberg relata o mito indígena de Maku-Naima, escutado em suas viagens pela Amazônia, na virada para o século xx. Nas viagens que deram origem a esse livro (que Mário conhecia de trás pra frente) além de anotar mitos e paisagens, o alemão usou um fonógrafo para gravar e reproduzir sonoridades amazônicas.[2] Era uma possibilidade incrível: os sons indígenas poderiam ser captados em seu lugar original na forma de cilindros de cera e reproduzidos em qualquer lugar do mundo. Todo um novo campo se abria.

Mário de Andrade, que se interessava tanto pela música indígena quanto pela popular e pela de concerto, vê nessa nova tecnologia uma enorme oportunidade, e lamentava que ainda não existissem discos "produzidos cientificamente" para estudo da música tradicional brasileira. Ainda que tenha sempre recorrido ao pentagrama para escrever

2. Criado em 1877 por Thomas Edison, o fonógrafo era um aparelho mecânico, (mais ou menos) portátil que através de um cone metálico captava as vibrações sonoras e as marcava, com uma agulha, em cilindros de cera. Os cilindros de Koch-Grünberg estão entre as primeiras gravações "em campo" feitas no Brasil, na virada do século, junto com as dos também alemães Richard Wettstein e Wilhelm Kissenberth. (O botânico austríaco Richard Wettstein esteve no Brasil em 1901 e 1903, e gravou, entre outras, falas e canções Guarani para o Arquivo Fonográfico de Viena. Por aqui, o primeiro brasileiro a gravar música em viagem etnográfica foi Edgard Roquete-Pinto, que em 1912 registrou cantos indígenas Paresí, Nambikwara, sertanejos e instrumentos cuiabanos, entre outras sonoridades. Note-se nesses pesquisadores o interesse voltado aos sons indígenas, unânime entre os alemães. Ao gravar canto e instrumento de gente do Brasil central, Roquete-Pinto foi pioneiro em "gravações de campo" da música tradicional brasileira não-indígena.

JAZZ RURAL

música, o escritor estava consciente da limitação de tentar traduzir os sons com lápis e papel. Sabia que sua escrita carregava as marcas de uma certa tradição (euro-cristã), privilegiando as alturas em detrimento do timbre, entonação, "sutilezas de invenção do cantador" e invenções rítmicas que desafiavam as barras de compasso. A novidade da gravação sonora poderia ultrapassar as possibilidades da escrita musical.

Nunca uma canção transcrita no papel ou no instrumento poderá dar a quem estuda, a sua exata realidade. E a verificação dessa verdade, depois que a fonografia veio nos apresentar o mundo de riqueza do cantar de todos os povos da terra, tornou a grafia musical por meios não mecânicos, bastante desautorizada como base de estudos etnográficos e folclóricos.[3]

(...) Além de não registrar o timbre, os ajuntamentos de sons, e as miseráveis polifonias e acordes resultantes desses ajuntamentos imprevistos e talvez ocasionais, não representam sequer a realidade melódica ou textual. Representam apenas uma constância, quero dizer: a maneira mais frequente e predominante com que a coisa se manifestou textual e melodicamente. (...) Há que recorrer à gravação por meios mecânicos, disco e filme.[4]

Sobre as imensas possibilidades que o fonógrafo trazia para a música, o nosso escritor também se informava com outro alemão, Eric M. Hornbostel, que considerou a crença

3. Andrade, Mário. "A pronúncia cantada e o problema do nasal brasileiro através dos discos" [1936], em *Aspectos da Música Brasileira*, p. 96.

4. Andrade, Mário. "Samba Rural Paulista" [1937], em *Aspectos da Música Brasileira*, p. 118.

na transcrição musical no papel uma espécie de "superstição europeia". Pioneiro naquilo que ficou conhecido como "musicologia comparada", Hornbostel começava a discutir a suposta superioridade das concepções europeias na música. Mário traduz um trecho de seu livro *African negro music*, de 1928:

Como material para estudo, os fonogramas são imensamente superiores à notação das melodias e não se pode conceber que este método inferior ainda seja usado. Basta verificar que exclusivamente por meio da fonografia, é que podemos obter a coisa legítima. O pressuposto geral de que a substância de uma canção pode ser notada em pauta com os auxílios, talvez, de sinais diacríticos e texto explicativo, é mera superstição europeia, ocasionada pela evolução da música e a maneira geral de pensar dos europeus. Os próprios cantores dão tanta importância ao timbre da voz e à dicção como a qualquer outra coisa. E mesmo às vezes mais. De fato, dicção e timbre demonstram ser caracteres raciais profundamente predeterminados por funções fisiológicas, e são, por isso, valiosa prova das relações e diferenciações antropológicas. Assim, os povos e suas músicas, não se distinguem tanto pelo que cantam como pela maneira por que cantam.[5]

Até aquele momento, os discos de música brasileira gravada em campo em seus contextos locais eram extremamente raros, e o escritor procurava nos discos comerciais as performances que mais se aproximavam da espontaneidade original. Desanimado com o que havia de música rotulada

5. Andrade, Mário. "A pronúncia cantada e o problema do nasal brasileiro através dos discos" [1936], em *Aspectos da Música Brasileira*, p. 96.

nos discos como "folclórica", entre "deformações", "exotismos" e "estilizações", Mário pinçava raras (e preciosas) pérolas: nos artigos "A música no Brasil" (de 1931) e "A música e a canção populares no Brasil" (de 1936), encomendados por organizações internacionais, o escritor explica para o público estrangeiro que para "conhecer (e amar!)" o brasileiro, deveriam escutar, entre outros discos, cateretês com Mariano e Caçula, cururus com Zico Dias e Ferrinho, modas de viola com Laureano e Soares, folia de reis com Cornélio Pires e Maracajá, jongos com Motta da Motta, a série de candomblé com os Filhos de Nagô, macumbas com J. B. de Carvalho, sambas com Aracy de Almeida, choros com Pixinguinha e o "admirável" batuque *Babaô Miloquê* gravado por Josué de Barros. Opa! A gente, que não é estrangeiro, agradece as dicas!

COLEÇÕES DE SONS PELO MUNDO: INSPIRAÇÕES

Além de ouvir música brasileira em discos comerciais nacionais, Mário também estava informado sobre as ideias europeias que surgiam e circulavam na virada do século XIX para o XX. Na "Justificação da Verba para 1937 sobre gravação de discos", Mário cita criações internacionais como a dos Arquivos Fonográficos de Berlim e Viena, o Museu da Palavra e do Gesto na França e a seção de pesquisas musicais folclóricas por meio do disco na Romênia:

A Alemanha tem uma notável coleção de fonogramas de nossa música indígena, enquanto nós próprios nada possuímos a esse respeito. A Rumania vê nascer a seção de pesquisas musicais folclóricas por meio do disco, do Ministério das Belas Artes; vê nascer a valiosíssima, eficientíssima Sociedade dos Compositores Rumenos. Na França, a Sorbonne trabalha seriamente. E assim por toda a parte.

E em toda a parte, os governos quando não iniciam eles mesmos as campanhas científicas, são patrocinadores delas. Há colaborações internacionais, há auxílios mútuos entre organizações de países longínquos, para preservação do que uma terra tem de mais estimável: sua tradição, as manifestações culturais de seu povo.[6]

Nessas instituições, pesquisadores (como Hornbostel) começavam a iluminar e discutir focos etnocêntricos de interpretações anteriores e a espécie de eurocentrismo alucinado que com frequência menosprezava a música de povos não europeus.[7] Nesse impulso, antropólogos, linguistas, etnólogos e musicólogos começavam a buscar alternativas à interpretação linear e simplista da evolução cultural. Da convergência entre a musicologia, a antropologia, a biologia, a psicologia e a linguística, entre outras, começava a aparecer um campo colaborativo que, conforme a ênfase, recebeu os nomes de musicologia comparada, etnomusicologia e antropologia da música. Ao trabalhar nessa trilha, Mário de Andrade procura canalizar recursos públicos para

---

6. *Justificação da Verba para 1937 sobre gravação de discos.*

7. O famoso teórico Hugo Riemann escrevia em 1904: "A oitava subdividida em 12 semitons (...) é um fato histórico, que não se derruba com alguns apitos mal-feitos da Polinésia ou com desempenhos de canto questionáveis de mulheres de cor". Citado por Tiago de Oliveira Pinto em "100 anos de etnomusicologia".

acertar os ponteiros brasileiros com as tendências internacionais mais avançadas.

Áustria e Alemanha: Em 1899 surgia o Arquivo Fonográfico de Viena, ligado à Academia Imperial de Ciências. Fundada pelo psicólogo Sigmund Exner, era a primeira coleção oficial com registros fonográficos de falas e canções em variados idiomas, para estudos na área da linguística, medicina, psicologia, zoologia e musicologia comparada. Em 1900, outro psicólogo, Carl Stumpf, criava um Arquivo Fonográfico dentro do Instituto de Psicologia da Universidade de Berlim. Hornbostel, discípulo de Stumpf, foi diretor desse arquivo entre 1905 e 1933.[8] O Departamento de Cultura de São Paulo adquire dessa instituição, em 1938, cópias daqueles cilindros registrados pelos pesquisadores alemães no início do século, com gravações de música indígena brasileira.

França: O diretor do Departamento de Cultura de São Paulo também acompanhava as notícias que vinham da França. Em 1900, a Société d'Anthropologie de Paris fundava o seu arquivo sonoro[9], e em 1911 surgiam os *Archives de la Parole*[10] no Instituto de Fonética da Universidade de Paris,

8. Mário tem em sua biblioteca particular livros desses autores, entre eles *Die Anfänge der Musik*, de Stumpf, e o já referido *African negro music,* de Hornbostel.

9. Graf, Walter. "Das ethnologische Weltbild im Spiegel der vergleichenden Musikwissenschaft", Wissenschaft und Weltbild, vol. 25 / 2: 151–158, 1972. Citado em Oliveira Pinto e Ribeiro. "The ideia of modernismo brasileiro".

10. Atualmente, as coleções sonoras do Arquivo da Palavra integram o Departamento Audiovisual da Biblioteca Nacional da França. Grande

uma iniciativa conjunta da universidade com a fábrica de discos e fonógrafos *Pathé*. Em 1928, no Congresso de Artes Populares realizado pela Liga das Nações em Praga, o então diretor dos Arquivos da Palavra, Hubert Pernot, lançava um apelo para que governos se engajassem na gravação fonográfica de cantos e melodias populares "ameaçadas"[11]. Essa recomendação seria citada por Paulo Duarte anos mais tarde em outra justificativa para obtenção de recursos financeiros para gravações fonográficas do Departamento de Cultura:

Suponho não ser preciso insistir sobre a importância da colheita urgente dessas manifestações que, infelizmente, tendem a desaparecer... O serviço de registro do folclore musical brasileiro encetado pela Discoteca, atende assim indiretamente ao apelo lançado pelo Congresso Internacional de Artes Populares (reunido em Praga pelo Instituto Internacional de Cooperação Intelectual): a maioria dos cantos e melodias populares estão prestes a desaparecer. Sua conservação é de uma grande importância para a ciência e para a arte. O Congresso recomenda insistentemente aos diversos governos a fazer proceder ao seu registro fonográfico no mais curto prazo possível. As notações, por mais perfeitas que sejam, não substituirão o registro fonográfico.[12]

parte do conteúdo está disponível para consulta e audição online no site Gallica.Fr.

11. Focillon, Henri. "Art populaire: travaux artistiques et scientifiques du 1er Congrès international des arts populaires, Prague, 1928", T. II, p. 104. Mário de Andrade tem um exemplar dessa edição em sua biblioteca pessoal.

12. Duarte, Paulo. "Contra o vandalismo e o extermínio".

JAZZ RURAL

Romênia: Outra importante referência para Mário de Andrade é o setor de arquivos da Sociedade de Compositores Romenos, fundado em 1928 e conduzido pelo compositor e musicólogo Constantin Brailoiu[13]. As reflexões sobre registro sonoro e metodologia para gravação e sistematização de fonogramas de música folclórica apresentadas em "Esquisse d'une méthode de folklore musical" (1931) do pesquisador romeno têm bastante ressonância com a forma com que serão conduzidas as gravações do Departamento de Cultura e podem ter chegado a São Paulo via Dina Dreyfus, que ministrou um curso de Etnografia no Departamento de Cultura.[14]

Itália: No mesmo ano da fundação do arquivo da Romênia, 1928, era fundada a Discoteca do Estado da Itália, anunciada com entusiasmo por Mário de Andrade no Diário Nacional:

No ano passado o Conselho de Ministros da Itália criou, com o nome de Discoteca do Estado, um museu de discos. Esse instituto, cuja importância histórica e técnica foi sobejadamente encarecida por todos quanto se preocupavam com a música na Itália, tem como função principal registrar todas as canções populares regionais e tradicionais italianas que, abandonadas na voz do povo, vão sendo esquecidas ou substituídas por outras. Ora,

13. Atualmente, os arquivos da Sociedade de Compositores Romenos integram o fundo Constantin Brailoiu do Instituto de Etnografia e Folclore da Academia Romena.

14. Sobre as conexões da metodologia de Brailoiu com o projeto fonográfico pensado Mário de Andrade ver, entre outros, Flávia Toni, "Me fiz brasileiro para o Brasil" e Iuri Prado, "Mário de Andrade e a leitura de Constantin Brailoiu".

dada a importância básica que tem a música folclórica na alimentação das escolas musicais nacionais, é fácil da gente imaginar a importância decisiva da Discoteca na conservação da italianidade da música italiana. Entre nós quase nada se tem feito a esse respeito.[15]

A Discoteca italiana nascia no período fascista como um museu de vozes dedicado a "coletar e preservar para as futuras gerações a voz viva dos cidadãos italianos que ilustraram sua pátria em todos os campos e se fizeram dignos dela".[16]

AS GRAVAÇÕES SONORAS DO DEPARTAMENTO DE CULTURA

É conhecendo essas experiências internacionais (entre outras) que Mário de Andrade desenha a Discoteca Pública Municipal do Departamento de Cultura de São Paulo, que nascia como um braço de uma Rádio-Escola que nunca chegou a existir. Pensada pelos intelectuais do Departamento de Cultura como o principal canal de comunicação com o público da cidade, a Rádio deveria transmitir, em sistema de auto-falantes, conferências, cursos, concertos de música ao vivo e gravada em discos, alimentada por grupos musicais criados pelo Departamento. Por motivos diversos, a

15. Andrade, Mário de. "O Phonographo". Publicado no Diário Nacional em 24.02.1928 e republicado por Flávia Toni em *A música popular brasileira na vitrola de Mário de Andrade*, p. 263.
16. O Departamento de Cultura possuía em seus arquivos uma cópia datilografada da "lei que criou a Discoteca di Stato", como confirma Oneyda Alvarenga em "A discoteca Pública Municipal", p. 96.

JAZZ RURAL

Rádio nunca saiu do papel, cabendo à Discoteca a função de promover a difusão desse conteúdo, seja por consultas públicas ou pelos chamados Concertos de Discos.

Instalada na Rua da Cantareira 216, a Discoteca abriu suas portas para o público em novembro de 1936. Para o cargo de direção, Mário de Andrade convida sua amiga e antiga aluna Oneyda Alvarenga. Ela tinha 24 anos de idade quando deixa Varginha (MG) para viver em São Paulo e dirigir a Discoteca até 1968. Mais do que ninguém, é a grande responsável pela manutenção do legado da Discoteca e sua sobrevivência até os tempos atuais. Num processo que passa pela demissão de Mário de Andrade em 1938, o corte de recursos financeiros e uma série de mudanças de endereço, Oneyda não apenas foi a guardiã do arquivo como também contribuiu para sua conservação, sistematização e divulgação.

Colocando em prática as ideias de Mário de Andrade de fortalecer os estudos sobre folclore, etnografia e fonética com o recurso da gravação sonora, para Oneyda a documentação folclórica da Discoteca

visa não só um melhor conhecimento do nosso povo através de seus costumes e tradições, como fornecer aos nossos compositores uma fonte que lhes permita, pelo estudo da nossa música popular, orientar e fixar a sua arte dentro da realidade nacional.[17]

Nessa direção, a Discoteca irá inaugurar em 1936 os seus serviços de gravação. O selo fonográfico da Discoteca

17. Diário da Noite, 17/08/1938. Transcrito em Valquíria Maroti Carozze. *Oneyda Alvarenga: da poesia ao mosaico das audições.*

dispunha de três cores: preto, vermelho e azul, destinados, respectivamente, ao Arquivo da Palavra (Vozes de Homens Ilustres do Brasil e Pronúncias Regionais), Música Erudita da Escola de São Paulo e Folclore Musical Brasileiro. Em 1937, ao solicitar cem contos de réis para o prosseguimento das atividades de gravação sonora da Discoteca, Mário de Andrade conclui:

Gravando a boa, a excelente música dos compositores da escola paulista e buscando o que há de essencial e característico no folclore musical brasileiro para estudos científicos e base de trabalhos para esses mesmos compositores, teremos feito por nós mesmos e pelo povo mais que 250 discursos pomposos.

SÉRIE MÚSICA ERUDITA (ME)

Até a inauguração do selo de Música Erudita da Discoteca, a indústria fonográfica se dedicava quase exclusivamente à música popular. As obras de compositores consagrados como Carlos Gomes e Heitor Villa-Lobos eram gravadas e prensadas no exterior. Os fonogramas de música erudita da Discoteca foram realizados entre 1936 e 1945, somando 1 hora e 46 minutos de gravação. Os discos vinham acompanhados de livretos informativos sobre as obras e autores e eram distribuídos pelas organizações culturais, discotecas e escolas de música, tanto nacionais como estrangeiras. Os grupos musicais mantidos pelo Departamento gravaram peças de, entre outros compositores, Carlos Gomes, Clorinda Rosato, Camargo Guarnieri, Francisco Mignone, Dinorah de Carvalho e João de Sousa Lima.

SÉRIE ARQUIVO DA PALAVRA (AP)

Gravar vozes de pessoas ilustres para documentação histórica ou usar o disco para estudos de fonética e linguística já eram práticas comuns nos arquivos sonoros da Europa e certamente inspiraram Mário de Andrade e Oneyda Alvarenga na formulação da série Arquivo da Palavra. A comissão fundadora do Arquivo de Viena, por exemplo, propunha, a produção de "retratos acústicos" de idiomas e dialetos da Europa e do mundo e a gravação de falas, frases e discursos de personalidades célebres. Em Paris, os *Archives de la Parole* propunham o registro de "vozes célebres", tendo gravado também "dialetos e folclores" do mundo. Na Itália, a Discoteca di Stato, com arquivo "La Parola dei Grandi" preservava as vozes de protagonistas militares da guerra, artistas e homens do governo. Na mesma direção, o Arquivo da Palavra do Departamento de Cultura produziu, com o auxílio do filólogo Antenor Nascentes e do poeta Manuel Bandeira, quatorze discos para estudo de fonética na coleção "Pronúncias regionais do Brasil", e três discos para a coleção "Homens Ilustres do Brasil", com vozes como as de Camargo Guarnieri e Lasar Segall. Essas gravações somam 1 hora e 13 minutos.

SÉRIE FOLCLORE (F)

Os registros da série Folclore constituem a maior parte dos fonogramas produzidos pela Discoteca, totalizando 33 horas e 33 minutos de gravações realizadas entre 1937 e

1943[18]. As primeiras tentativas de registro pelo Departamento se inauguram em 1936, quando uma equipe liderada pelo então casal Claude Lévi-Strauss e Dina Dreyfus vai a Mogi das Cruzes e registra em filme (silencioso) a Festa do Divino Espírito Santo. Hoje podemos assistir imagens em movimento de Cateretês, Cavalhadas e Moçambiques, entre outras. Também integram a filmoteca cenas de tradições indígenas do Mato Grosso gravadas por Dina e Claude naquele mesmo ano, com apoio do Departamento. São filmes mudos, limitação que Mário de Andrade procura sanar ao encomendar para a Discoteca Pública Municipal aparelhos de gravação sonora:

Foi importado um aparelho gravador portátil Presto Recorder, um tipo fabricado especialmente para regiões tropicais. Esta máquina de gravação destina-se a viagens de pesquisas etnográficas, e será certamente um auxiliar poderoso dos trabalhos do Departamento, gravando cantigas e demais músicas populares e variações regionais de pronúncia da língua nacional. Completado por qualquer máquina cinematográfica de pequeno custo, evita as despesas mais vultuosas que causam as filmagens contratadas com as empresas especialistas.[19]

A primeira "saída" para gravação aconteceu em maio de 1937, no interior do estado de São Paulo, nos dias 2 e 3. A equipe do Departamento vai a Itaquaquecetuba registrar os sons da dança de Santa Cruz, sob a responsabilidade

18. De acordo com o *Catálogo Histórico Fonográfico Discoteca Oneyda Alvarenga (CCSP)*.

19. "Relatório das atividades 1936. Processo n.45.308/37", reproduzido em Calil e Penteado, p. 112.

de Oneyda Alvarenga e Erich W. Klemm. A primeira das gravações feitas pelo Departamento vai reproduzida aqui diretamente do Arquivo Histórico da Discoteca Oneyda Alvarenga, na faixa 6 desse disco, *Dança de Santa Cruz*. Talvez o ouvinte escute, como nós, o som que surge na viola e que é amplificado pelo peito da dupla de cantadores. As vozes da dupla são endossadas com força e em grupo pelo canto coletivo, que intensifica e projeta, em direção ao agudo, a santa mensagem para longe, em ritmo livre e intenso[20]. O corpo dançante é envolvido na festa musical-religiosa em sapateado e palmas, que vão formar, em contraste, o naipe de ritmo marcado com a viola.

O *Cateretê*, faixa 4 desse disco, foi gravado pelo Departamento entre os dias 5 e 9 de Maio de 1937, por Luis Saia e Benedito Pacheco no bairro de Santo Amaro, São Paulo. Na ocasião, foi registrado em disco um rancho mineiro de Congada da cidade de Lambari (sul de Minas Gerais), dirigido por Joaquim Luiz do Nascimento, que estava em São Paulo participando das Festas do Divino Espírito Santo. Nesse cateretê a dupla de cantadores entoa um mesmo texto, em duas melodias que se perseguem e se complementam, em desenhos similares mas distanciados por intervalos melódicos próximos. As duas vozes estão deslocadas por um intervalo rítmico, gerando tensão e complementaridade. Os cantadores vão alongando ou diminuindo esses intervalos em caráter improvisatório, conectados e atentos um ao ou-

---

20. Interpretação baseada na de Suzel Reily, em relação às Folias de Reis. *Voices of the magic: enchanted journeys in southeast Brazil*, p. 132.

tro, posicionando as palavras ou notas sempre *entre* as do parceiro, que gera um princípio sincopado ou *fugato* (como no processo do cânone, e por isso Mário de Andrade dizia que "Bach foi um syncopated"[21]). Por outro lado, esse princípio também é ouro em tradições musicais africanas: podemos pensar que os cantadores colocam suas vozes de modo que fiquem, ao mesmo tempo sobrepostas, engatadas e alternadas.[22]

Será possível que processos canônicos europeus e sobreposições africanas tenham se amplificado na música caipira? De qualquer modo, esse processo foi esvaziado ao longo do tempo, tendo a músca caipira se tornado progressivamente *dessincopada* (se é que a palavra existe), se aproximando do *pop,* se tornando *country* e *universitária,* talvez "assinalando a marcha da racionalização" ligada à indústria cultural. Talvez seja isso o que temiam os intelectuais do Departamento em relação à desaparição de sonoridades frente ao processo industrial, e só podemos ouvir a riqueza dessa dupla "sincopada" ou "engatada" graças a esse maravilhoso registro feito pelo Departamento de Cultura de São Paulo.

Entre fevereiro e julho de 1938, então, é realizada a famosa Missão de Pesquisas Folclóricas, na qual enviados do Departamento vão fotografar, fonografar, filmar e anotar diversas manifestações culturais de seis estados do Norte e Nordeste. Totalizam cerca de 30 horas e 10 minutos de gravação sonora, e parte dela está disponível para o público

21. Andrade, Mário de. "As Bachianas", *Música doce música,* p. 275.
22. Ecoando processos descritos por (entre outros) Willie Anku em "Principles of Rhythm Integration in African Drumming".

em CD lançado pela Biblioteca do Congresso (1997), em uma caixa com 6 CDs editada pelo selo SESC (2006) e em CD-ROM editado pelo CCSP (2010).

Já depois da Missão, em novembro de 1938, e já sem Mário de Andrade no posto de Diretor do Departamento, a Discoteca Pública vai a Carapicuíba para gravar outra vez a dança de Santa Cruz, reproduzida aqui na faixa *Dança de Carapicuíba*, faixa 2 desse disco. Nesse louvor "de câmara" à Santa Cruz, realizado provavelmente dentro de uma igreja, estão ausentes a viola, as palmas e o bate-pé, e podemos ouvir com *zoom* a intensidade e a multiplicação das vozes que vão se endossando e organizando em uma espécie de "*passacaglia* da roça", a projeção da mensagem divina, cristã, que também vai em direção ao agudo: em direção ao céu.

Em 1943, a equipe da Discoteca realiza a última de suas "saídas", e vai até Atibaia gravar uma congada. Talvez possamos intuir nessas gravações o processo que o grupo do Departamento temia na década de 30: o medo de que manifestações populares estivessem em vias de desaparecimento iminente, causado pela industrialização e imposição de referências culturais "alienígenas" por meio do rádio ou do cinema:

Nossa música populária é um tesouro prodigioso, condenado à morte. A fonografia se impõe como remédio de salvação... Não é possível num país como o nosso a gente esperar qualquer providência governamental nesse sentido. Cabe mais isso (como quase tudo) à iniciativa do povo. São as nossas sociedades que podem fazer alguma cousa para salvar esse tesouro que é de grande beleza e valor étnico inestimável... Deixamos o apelo aqui.[23]

Na faixa 8, *Chora mulata*, ouvimos a congada de Atibaia cantar que nasceu na Praça XI, além de versos que falam de Salgueiro, Mangueira e Estácio de Sá. Por que esses congadeiros paulistas estariam saudando locais e escolas de samba do Rio de Janeiro? Para os intelectuais, era a "influência deletéria" do rádio: cantavam sua versão para um sucesso de Assis Valente, o samba "Cansado de sambar", gravado pelo Bando da Lua em 1936. Sim, os congadeiros ouviam rádio. Quem puder ouvir o fonograma original de "Cansado de sambar" poderá comparar as duas versões: a inspirada interpretação do Bando da Lua e a criativa versão feita pelo grupo paulista de Atibaia.

Roberto Schwarz vai teorizar, anos depois, sobre um desejo brasileiro, presente em uma série grande de pensadores, de "busca de um fundo nacional genuíno, isto é, não-adulterado: como seria a cultura popular se fosse possível preservá-la do comércio e, sobretudo, da comunicação de massa?"[24] A intenção de "preservar" a cultura popular em forma de disco, a fonografia como remédio para "salvar esse tesouro que é de grande beleza e valor étnico inestimável", sua transformação em disco pode, inclusive, tomar um caminho completamente diferente. José Antonio Pasta pensa que "a festa não tolera moldura: isolada, administrada ou emoldurada, ela se transforma em outra coisa qualquer

23. Andrade, Mário de. "O Phonógrapho", reproduzido em Toni, 2004.
24. Schwarz, Roberto. "Nacional por subtração", em *Que horas são*.

JAZZ RURAL

— festividade, comemoração, menos festa. Neste sentido, ela marca o limite da apropriação, porque *é impossível transformá-la em mercadoria sem perdê-la.*"[25] Entre ser transformada em disco ou cantar sucessos do rádio, em que medida a congada se perde? Em que medida se renova? De qualquer modo, a emolduração da congada de Atibaia em disco de 78rpm feita em 1943 foi servir de inspiração, hoje, para o pianista Daniel Grajew compor *Atibaia*, faixa 9 deste disco.

Também surgiu a vontade de incluir a voz do próprio Mário de Andrade, interpretando sua versão para uma cantiga de mendigo escutada por ele em Catolé do Rocha. A voz do grande intelectual paulista era desconhecida do público até abril de 2015, quando um disco de alumínio com a voz de Mário foi localizado pelo pesquisador Xavier Vatin na Universidade de Indiana, em gravação feita pelo linguista Lorenzo Turner na década de 1940. Sua voz fez parte da composição *Tristurinha paciente* — que é como Mário qualificou certa vez a música paulista do interior. Para nós, ainda hoje, a tristeza e a infinita paciência do imenso escritor estimulam a busca, a criação e a multiplicação de formas impensadas de bem e de vida.

25. Pasta Jr, José Antonio. "Cordel, intelectuais e o Divino Espírito Santo." *Cultura Brasileira: temas e situações*. São Paulo: Ática, 2002.

BIBLIOGRAFIA

ALVARENGA, Oneyda. "A discoteca Pública Municipal". Separata da Revista do Arquivo Municipal, n° LXXXVII, 1942.

ANDRADE, Mário de. *Aspectos da Música Brasileira*. Villa Rica, 1991.

_____. *Música, doce música*. Nova Fronteira, 2013.

ANKU, Willie. "Principles of Rhythm Integration in African Drumming". Black Music Research Journal, Vol. 17, n° 2, 1997.

CALIL, Carlos Augusto; PENTEADO, Flávio Rodrigo. *Me esqueci completamente de mim, sou um departamento de cultura*. Imprensa Oficial do Estado de São Paulo, 2015.

CAROZZE, Valquíria Maroti. *Oneyda Alvarenga: da poesia ao mosaico das audições*. Alameda, 2014.

CARLINI, Álvaro. *Cante lá que gravam cá: Mário de Andrade e a Missão de Pesquisas Folclóricas de 1938*, São Paulo: Dissertação de Mestrado em História, Universidade de São Paulo, 1994.

_____; LEITE, E. A. *Catálogo histórico-fonográfico Discoteca Oneyda Alvarenga (CCSP)*. Centro Cultural São Paulo, 1993.

DUARTE, Paulo. "Contra o vandalismo e o extermínio", em *O Estado de São Paulo*, 7 de outubro de 1937.

FOCILLON, Henri. International Institute of Intellectual Co-operation, and International Congress of Popular Arts. *Art populaire: travaux artistiques et scientifiques du Ier Congres International des Arts Populaires, Prague, 1928*. Éd. Duchartre, 1931.

OLIVEIRA PINTO, Tiago de. "100 anos de etnomusicologia", em A. Lühning (org.) *Anais do II Encontro da Associação Brasileira de Etnomusicologia*, Salvador: UFBA, 2005.

_____; RIBEIRO, Maria Izabel Brano. *The ideia of modernismo brasileiro*. Münster, Hamburg, Belin, London: LIT Verlag, 2006.

PASTA JR., José Antonio. "Cordel, intelectuais e o Divino Espírito Santo", em *Cultura Brasileira: temas e situações*. Ática, 2002.

PRADO, Iuri. "Mário de Andrade e a leitura de Constantin Brailoiu". *Revista Música Hodie*, V.15, n.1, 2015.

REILY, Suzel. *Voices of the magic: enchanted journeys in southeast Brazil.* University of Chicago Press, 2002.

SCHWARZ, Roberto. *Que horas são.* Companhia das Letras, 1987.

TONI, Flavia. "Me fiz brasileiro para o Brasil", *Revista do Serviço do Patrimônio Histórico e Artístico Nacional*, nº 30, p. 72–89, 2002.

_____. *A música popular brasileira na vitrola de Mário de Andrade.* Senac, 2004.

HEDRA EDIÇÕES

1. *Iracema*, Alencar
2. *Don Juan*, Molière
3. *Contos indianos*, Mallarmé
4. *Auto da barca do Inferno*, Gil Vicente
5. *Poemas completos de Alberto Caeiro*, Pessoa
6. *Triunfos*, Petrarca
7. *A cidade e as serras*, Eça
8. *O retrato de Dorian Gray*, Wilde
9. *A história trágica do Doutor Fausto*, Marlowe
10. *Os sofrimentos do jovem Werther*, Goethe
11. *Dos novos sistemas na arte*, Maliévitch
12. *Mensagem*, Pessoa
13. *Metamorfoses*, Ovídio
14. *Micromegas e outros contos*, Voltaire
15. *O sobrinho de Rameau*, Diderot
16. *Carta sobre a tolerância*, Locke
17. *Discursos ímpios*, Sade
18. *O príncipe*, Maquiavel
19. *Dao De Jing*, Lao Zi
20. *O fim do ciúme e outros contos*, Proust
21. *Pequenos poemas em prosa*, Baudelaire
22. *Fé e saber*, Hegel
23. *Joana d'Arc*, Michelet
24. *Livro dos mandamentos: 248 preceitos positivos*, Maimônides
25. *O indivíduo, a sociedade e o Estado, e outros ensaios*, Emma Goldman
26. *Eu acuso!*, Zola | *O processo do capitão Dreyfus*, Rui Barbosa
27. *Apologia de Galileu*, Campanella
28. *Sobre verdade e mentira*, Nietzsche
29. *O princípio anarquista e outros ensaios*, Kropotkin
30. *Os sovietes traídos pelos bolcheviques*, Rocker
31. *Poemas*, Byron
32. *Sonetos*, Shakespeare
33. *A vida é sonho*, Calderón
34. *Escritos revolucionários*, Malatesta
35. *Sagas*, Strindberg
36. *O mundo ou tratado da luz*, Descartes
37. *O Ateneu*, Raul Pompeia
38. *Fábula de Polifemo e Galateia e outros poemas*, Góngora
39. *A vênus das peles*, Sacher-Masoch
40. *Escritos sobre arte*, Baudelaire
41. *Cântico dos cânticos*, [Salomão]
42. *Americanismo e fordismo*, Gramsci
43. *O princípio do Estado e outros ensaios*, Bakunin
44. *História da província Santa Cruz*, Gandavo
45. *Balada dos enforcados e outros poemas*, Villon
46. *Sátiras, fábulas, aforismos e profecias*, Da Vinci
47. *O cego e outros contos*, D.H. Lawrence

48. *Rashômon e outros contos*, Akutagawa
49. *História da anarquia (vol. 1)*, Max Nettlau
50. *Imitação de Cristo*, Tomás de Kempis
51. *O casamento do Céu e do Inferno*, Blake
52. *Cartas a favor da escravidão*, Alencar
53. *Utopia Brasil*, Darcy Ribeiro
54. *Flossie, a Vênus de quinze anos*, [Swinburne]
55. *Teleny, ou o reverso da medalha*, [Wilde et al.]
56. *A filosofia na era trágica dos gregos*, Nietzsche
57. *No coração das trevas*, Conrad
58. *Viagem sentimental*, Sterne
59. *Arcana Cœlestia e Apocalipsis revelata*, Swedenborg
60. *Saga dos Volsungos*, Anônimo do séc. XIII
61. *Um anarquista e outros contos*, Conrad
62. *A monadologia e outros textos*, Leibniz
63. *Cultura estética e liberdade*, Schiller
64. *A pele do lobo e outras peças*, Artur Azevedo
65. *Poesia basca: das origens à Guerra Civil*
66. *Poesia catalã: das origens à Guerra Civil*
67. *Poesia espanhola: das origens à Guerra Civil*
68. *Poesia galega: das origens à Guerra Civil*
69. *O pequeno Zacarias, chamado Cinábrio*, E.T.A. Hoffmann
70. *Tratados da terra e gente do Brasil*, Fernão Cardim
71. *Entre camponeses*, Malatesta
72. *O Rabi de Bacherach*, Heine
73. *Bom Crioulo*, Adolfo Caminha
74. *Um gato indiscreto e outros contos*, Saki
75. *Viagem em volta do meu quarto*, Xavier de Maistre
76. *Hawthorne e seus musgos*, Melville
77. *A metamorfose*, Kafka
78. *Ode ao Vento Oeste e outros poemas*, Shelley
79. *Oração aos moços*, Rui Barbosa
80. *Feitiço de amor e outros contos*, Ludwig Tieck
81. *O corno de si próprio e outros contos*, Sade
82. *Investigação sobre o entendimento humano*, Hume
83. *Sobre os sonhos e outros diálogos*, Borges | Osvaldo Ferrari
84. *Sobre a filosofia e outros diálogos*, Borges | Osvaldo Ferrari
85. *Sobre a amizade e outros diálogos*, Borges | Osvaldo Ferrari
86. *A voz dos botequins e outros poemas*, Verlaine
87. *Gente de Hemsö*, Strindberg
88. *Senhorita Júlia e outras peças*, Strindberg
89. *Correspondência*, Goethe | Schiller
90. *Índice das coisas mais notáveis*, Vieira
91. *Tratado descritivo do Brasil em 1587*, Gabriel Soares de Sousa
92. *Poemas da cabana montanhesa*, Saigyō
93. *Autobiografia de uma pulga*, [Stanislas de Rhodes]
94. *A volta do parafuso*, Henry James
95. *Ode sobre a melancolia e outros poemas*, Keats
96. *Teatro de êxtase*, Pessoa
97. *Carmilla — A vampira de Karnstein*, Sheridan Le Fanu

98. *Pensamento político de Maquiavel*, Fichte
99. *Inferno*, Strindberg
100. *Contos clássicos de vampiro*, Byron, Stoker e outros
101. *O primeiro Hamlet*, Shakespeare
102. *Noites egípcias e outros contos*, Púchkin
103. *A carteira de meu tio*, Macedo
104. *O desertor*, Silva Alvarenga
105. *Jerusalém*, Blake
106. *As bacantes*, Eurípides
107. *Emília Galotti*, Lessing
108. *Viagem aos Estados Unidos*, Tocqueville
109. *Émile e Sophie ou os solitários*, Rousseau
110. *Manifesto comunista*, Marx e Engels
111. *A fábrica de robôs*, Karel Tchápek
112. *Sobre a filosofia e seu método — Parerga e paralipomena (v. II, t. I)*, Schopenhauer
113. *O novo Epicuro: as delícias do sexo*, Edward Sellon
114. *Revolução e liberdade: cartas de 1845 a 1875*, Bakunin
115. *Sobre a liberdade*, Mill
116. *A velha Izerguil e outros contos*, Górki
117. *Pequeno-burgueses*, Górki
118. *Primeiro livro dos Amores*, Ovídio
119. *Educação e sociologia*, Durkheim
120. *Elixir do pajé — poemas de humor, sátira e escatologia*, Bernardo Guimarães
121. *A nostálgica e outros contos*, Papadiamántis
122. *Lisístrata*, Aristófanes
123. *A cruzada das crianças/ Vidas imaginárias*, Marcel Schwob
124. *O livro de Monelle*, Marcel Schwob
125. *A última folha e outros contos*, O. Henry
126. *Romanceiro cigano*, Lorca
127. *Sobre o riso e a loucura*, [Hipócrates]
128. *Hino a Afrodite e outros poemas*, Safo de Lesbos
129. *Anarquia pela educação*, Élisée Reclus
130. *Ernestine ou o nascimento do amor*, Stendhal
131. *Odisseia*, Homero
132. *O estranho caso do Dr. Jekyll e Mr. Hyde*, Stevenson
133. *História da anarquia (vol. 2)*, Max Nettlau
134. *Eu*, Augusto dos Anjos
135. *Farsa de Inês Pereira*, Gil Vicente
136. *Sobre a ética — Parerga e paralipomena (v. II, t. II)*, Schopenhauer
137. *Contos de amor, de loucura e de morte*, Horacio Quiroga
138. *Memórias do subsolo*, Dostoiévski
139. *A arte da guerra*, Maquiavel
140. *O cortiço*, Aluísio Azevedo
141. *Elogio da loucura*, Erasmo de Rotterdam
142. *Oliver Twist*, Dickens
143. *O ladrão honesto e outros contos*, Dostoiévski
144. *O que eu vi, o que nós veremos*, Santos-Dumont

145. *Sobre a utilidade e a desvantagem da história para a vida*, Nietzsche
146. *Édipo Rei*, Sófocles
147. *Fedro*, Platão
148. *A conjuração de Catilina*, Salústio

«SÉRIE LARGEPOST»

1. *Dao De Jing*, Lao Zi
2. *Escritos sobre literatura*, Sigmund Freud
3. *O destino do erudito*, Fichte
4. *Diários de Adão e Eva*, Mark Twain
5. *Diário de um escritor (1873)*, Dostoiévski

«SÉRIE SEXO»

1. *A vênus das peles*, Sacher-Masoch
2. *O outro lado da moeda*, Oscar Wilde
3. *Poesia Vaginal*, Glauco Mattoso
4. *Perversão: a forma erótica do ódio*, Stoller
5. *A vênus de quinze anos*, [Swinburne]
6. *Explosao: romance da etnologia*, Hubert Fichte

COLEÇÃO «QUE HORAS SÃO?»

1. *Lulismo, carisma pop e cultura anticrítica*, Tales Ab'Sáber
2. *Crédito à morte*, Anselm Jappe
3. *Universidade, cidade e cidadania*, Franklin Leopoldo e Silva
4. *O quarto poder: uma outra história*, Paulo Henrique Amorim
5. *Dilma Rousseff e o ódio político*, Tales Ab'Sáber
6. *Descobrindo o Islã no Brasil*, Karla Lima
7. *Michel Temer e o fascismo comum*, Tales Ab'Sáber
8. *Lugar de negro, lugar de branco?*, Douglas Rodrigues Barros

COLEÇÃO «ARTECRÍTICA»

1. *Dostoiévski e a dialética*, Flávio Ricardo Vassoler
2. *O renascimento do autor*, Caio Gagliardi

«NARRATIVAS DA ESCRAVIDÃO»

1. *Incidentes da vida de uma escrava*, Harriet Jacobs
2. *Nascidos na escravidão: depoimentos norte-americanos*, WPA
3. *Narrativa de William W. Brown, escravo fugitivo*, William Wells Brown

Adverte-se aos curiosos que se imprimiu este livro em nossas oficinas, em 5 de agosto de 2020, em tipologia Formular e Libertine, com diversos sofwares livres, entre eles, LuaLATEX, git & ruby.

(v. e58935e)